T0126635

Rabindranath Tagore

BERRÒ IL TUO PRIMO SORRISO

Caleidoscopio di parole d'amore

A cura di Roberta Russo

edizioni
terra santa

© 2015, Fondazione Terra Santa - Milano
Edizioni Terra Santa - Milano

Tutti i testi di questo percorso antologico sono ripresentati
in nuova traduzione dall'originale inglese

Progetto grafico
Elisabetta Ostini

Immagine di copertina
foto76/Shutterstock

*Per informazioni sulle opere pubblicate
e in programma rivolgersi a:*

Edizioni Terra Santa
Via G. Gherardini 5 - 20145 Milano (Italy)
tel.: +39 02 34592679 fax: +39 02 31801980
http://www.edizioniterrasanta.it
e-mail: editrice@edizioniterrasanta.it

Il mio cuore,
airone del deserto,
ha trovato il suo cielo nei tuoi occhi.

Rabindranath Tagore, *Il giardiniere,* XXXI

Preambolo
Il sorriso dell'amore

«Tagore non ha mai cercato la fama. Nella scrittura si è sentito pago di scoprire l'amore e di abbandonarsi con tutta l'anima alla sua spontaneità». Con queste parole il grande William Butler Yeats presentava il poeta indiano all'Occidente in un articolo del 1912. L'anno seguente, Rabindranath Tagore avrebbe ricevuto il Nobel per la Letteratura ringraziando commosso: «Non sono più il poeta del Bengali, sono il poeta del mondo».

Già da alcuni anni, importanti editori britannici e americani avevano chiesto allo scrittore di tradurre dal bengalese, di proprio pugno, le sue opere più rappresentative; da quel 1913 le nuove creazioni letterarie sarebbero state trasposte da lui stesso dalla lingua materna a quella adottiva, l'inglese, che gli permise di essere conosciuto e pubblicato in tutta Europa e oltre oceano.

Qualche perla preziosa si perse certamente per strada. Il suo capolavoro, il *Gitanjali*, nella prima edizione inglese aveva 103 componimenti, mentre quella originale ne aveva 157. Oggi le 54 poesie mancanti sono disponibili in varie raccolte inglesi recenti e alcune di esse vengono proposte per la prima volta in Italia in questo libro insieme ad altri inediti.

* * *

Anche se le schematizzazioni sono sempre riduttive, si possono tuttavia identificare nella corposa produzione di Tagore tre periodi: nel primo, il poeta cantò l'amore per la natura, nel secondo l'amore di Dio e per Dio, e nel terzo l'amore per l'uomo.

Berrò il tuo primo sorriso – verso memorabile della raccolta *Poems of Puravi* (*Liriche di Puravi*) – è il titolo che abbiamo dato a questo viaggio antologico sul filo rosso dell'amore. Da questo filo si dipanano tutti gli intrecci tematici della poetica tagoriana: quelle parole e quei significati che sostanziano il mistero più grande della vita umana. Per Tagore, infatti, l'Amore è sempre enigmatico: da un lato, radice di ogni felice creazione e, dall'altro, germe di dolore. Quell'Energia vitale che muove il Tutto, che permea di sé le relazioni e ogni rapporto tra essere e divenire, è la Forza dell'Amore, luminosa e oscura a un tempo.

Dietro questa concezione non c'è solo la filosofia induista, ma anche tutto il patrimonio della religiosità orientale – dal buddhismo allo jainismo – insieme alla ricerca di un'esistenza vissuta come conoscenza, che pretende di trovare negli avvenimenti quotidiani i motivi di una crescita interiore. E, infatti, una metafora ricorrente nei racconti e nei versi di Tagore fu quella del viaggio, descritto come interminabile cammino, avventura della persona che affronta fatiche, stanchezza, polvere, strade, alla ricerca di quel Significato superiore che abita l'Infinitamente Piccolo e l'Infinitamente Grande.

Il poeta si descrive come un viaggiatore alla scoperta dell'Amore, un navigante che tutto abbandona pur di seguire la rotta, e che almeno una volta vuole ripercorrere «le rive dei sette oceani e dei tredici fiumi». La rappresentazione dei sette oceani e dei tredici fiumi è tipica della mitologia indiana: vederli, almeno una volta, significa viaggiare per tutta la vita. L'insondabile mistero dell'Amore è, dunque, l'Oceano in cui il prode esploratore si smarrisce e si abbandona, ma è anche presentato come oasi di pace e di solitudine, porto affettivo perduto e ritrovato.

Nella sua traversata l'avventuriero non è solo. Oltre a recare con sé i propri pensieri, progetti e sentimenti, può incontrare la donna amata, il barcaiolo, l'amico, Dio in persona, di cui ode spesso l'acuto richiamo del flauto: Krishna – che nella mitologia induista è incarnazione terrena di Dio – viene sempre rappresentato come un suonatore che intona melodie soffiando in una canna di bambù.

* * *

In questo florilegio antologico ci si accorgerà che le sfumature dell'amore sono rese con delicatezza, intensità e un'infinita varietà di colori. Il linguaggio amoroso si esprime in sguardi seducenti, appuntamenti furtivi, attimi di desiderio e di disperazione. Il corteggiamento – passionale, a volte tenero e perfino ironico, nei confronti di una donna perennemente attesa, che s'insegue o si sfugge – è metafora di un sogno il cui oggetto non è mai posseduto completamente.

Nel tuo sonno, al limite dei sogni,
attendo il tuo viso
come stella del mattino
che appare fugace alla finestra.
Con i miei occhi berrò il tuo primo sorriso.

Liriche di Puravi

In una poesia della celeberrima raccolta *The Gardener* si coglie la fuggevolezza della relazione affettiva: «L'amore fra noi due è come una canzone. Nulla oltre il presente» (*Il giardiniere*, XVI). Se nei componimenti di Tagore è, infatti, sempre evidente la dimensione della fragilità e istantaneità di tutte le cose, viene pure costantemente ribadito che le persone perdute non sono assenti, che il destino non le ha portate via, che le ritroveremo trasformate. Il lutto entra così a far parte dell'eterna battaglia che vede l'Amore più forte della Morte; in quest'antica lotta non c'è mai una disfatta definitiva, ma solo un sipario che cala, un passaggio da una condizione inferiore a una vita superiore, continuazione di quel mistero d'amore che è la Creazione.

Nel binomio Amore-Morte resta inevitabile la pena per la perdita fisica delle persone care. Tagore stesso attraversò, nel giro di pochi anni, la tragedia di veder morire la moglie giovanissima e due figli piccoli.

La morte è avvertita come solitudine: sofferenza che si supera con il tempo, ma soprattutto con l'amore, che tutto trasfigura. La stessa cosa avviene per le fatiche dell'esistenza: noia, umiliazioni, povertà, senso d'impotenza, insoddisfazione. Chi continua a credere nell'amore, a restare nell'amore, sa che persino i dispiaceri più grandi, alla fine, muteranno in consolazione e pace.

In uno dei suoi più suggestivi lavori poetici, pubblicato postumo, *A Flight of Swans* (*Un volo di cigni*), il poeta concepì l'universo – i regni minerale, vegetale, animale e umano – come un grande stormo che ha iniziato un volo verso una meta meravigliosa e sconosciuta. Non qui, ma altrove. Le stesse generazioni dell'umanità sono immaginate come una moltitudine di uccelli, che quando si fermano depongono le uova e poi, dopo aver accolto i nuovi nati, riprendono la rotta. E lo stormo dice: «Non qui, non qui, altrove, in altro luogo». C'è insomma la certezza del traguardo: approdo di felicità.

La vita, allora, non può che essere una corrente che ci trascina sempre oltre, viaggio perenne oltre la morte, esistenza goduta come abbandono alla provvidenza, ma anche come ardimento e conquista.

* * *

Dio, il Grande Sconosciuto – un Dio Unico, che tuttavia ha tanti nomi nel pantheon induista – è il Misterioso, l'Eterno Vagabondo, che appare quando vuole e la cui immagine non può essere imprigionata nei templi. Tagore lo raffigura nel fiore di loto che si schiude per contenere tutto l'universo e lo celebra con vari epiteti: "l'Artefice", "il Senza Nome", "il Senza Forma". La preoccupazione del poeta è far capire al lettore che l'Essenza del Divino non può essere trattenuta negli angusti spazi della nostra finitezza, perché l'Amore è infinito: in varie liriche torna anche l'immagine di un Dio-Padre-Madre, che con il suo abbraccio placa il dolore dei figli.

Tagore fu affascinato dalla figura di Gesù, che considerava icona di oblatività e di compassione; a lui dedicò molte liriche e riflessioni, alcune riportate in questa antologia. In uno dei suoi romanzi più famosi, *Gora*, si parla addirittura di una ragazza che legge *L'Imitazione di Cristo*, lettura amata da sant'Ignazio di Loyola.

Nel 1909, durante una conferenza tenuta nel suo *ashram* di Santiniketan (vicino a Calcutta) – luogo di ricerca e di studio, che aveva lo scopo di conciliare il principio monoteistico del cristianesimo e dell'islam con il politeismo indù, purificando quest'ultimo dagli aspetti idolatrici, rituali e castali – Tagore tenne una conferenza proprio sulla figura del "profeta di Nazaret":

Dicendo «Ama il prossimo tuo come te stesso», Gesù non volle diminuire la portata dell'amore. Non disse: «Ama il tuo prossimo»; disse: «Amalo come te stesso». Chi desidera raggiungere Dio, chi desidera "entrare in Dio", deve sperimentare questo amore immenso, deve camminare per questa strada.

Gesù disse anche: «Ama i tuoi nemici». E fu proprio perché voleva perdonare i suoi avversari che non si fermò, paralizzato dalla paura, a metà strada. Volle amare i suoi denigratori fino in fondo, realizzando i progetti del Padre per diventare Uno con Lui e godere della sua intimità.

Infine, ci spronò: «A chi ti chiede il vestito, dai anche il mantello». Per gli uomini del mondo queste cose sono impensabili, esagerate, perché essi non capiscono quel fine così grande. Il mondo può lasciare anche il mantello insieme con il vestito, se ciò soddisfa le esigenze della vita presente, ma se pensa che l'intimità con Dio sia meno preziosa delle necessità dell'esistenza terrena, allora farà fatica a donare anche solo un cencio.

Coloro che sono venuti ad annunciare agli uomini che non c'è nulla di più grande di Dio non hanno voluto mostrare un Dio piccolo, fatto a misura dei minuscoli desideri dell'uomo mondano. Essi, senza esitazione, hanno proclamato un grande annuncio.

Avendo rivelato con passione questa grandiosa verità, ci è stata data una bella speranza: ci è stato mostrato quanto lontano possa andare il cammino dell'uomo e quanto incommensurabile è la sua capacità di espandersi attraverso l'amore.

Santiniketan, conferenza 26 marzo 1909

* * *

Molti letterati e critici si sono chiesti se la poesia di Tagore sia canto d'amore o preghiera mistica: è l'anima che attende il suo Dio, o è l'innamorato che brama l'innamorata, la sposa che si prepara per lo sposo?

La domanda è ingannevole e inessenziale. Per il poeta bengalese carne e anima sono una cosa sola, così come lo sono umanità e spiritualità, visibile e invisibile: un uomo è vero quando sente il proprio Essere, infinito e divino, pulsare in ogni fibra del corpo e alimentare la sua forza creatrice. Questo Essere è quel Sorriso d'Amore a cui ciascuno di noi può abbeverarsi per giungere alla Gioia che non si spegne.

Un'antica preghiera induista, che Tagore e Gandhi amavano ripetere spesso, recita così: «Portaci dall'irrealtà alla Realtà, al di là di ogni fuggevole apparenza, dove Pace, Bellezza e Verità sono l'unico tessuto dell'Amore».

R.R.

BERRÒ IL TUO PRIMO SORRISO

Caleidoscopio di parole d'amore

A come...

Attesa

Nuvole si rincorrono minacciose
e si fa buio.
Amore mio, perché mi lasci solo
sulla porta ad attenderti?

Nei momenti più intensi della giornata
lavoro con fervore fra la gente,
ma in questa oscurità cupa e desolata
aspetto solo te.

Se non mi mostri il tuo volto
se mi lasci qui in solitudine
non so come potrò sopportare
le lunghe ore di pioggia.

Osservo in lontananza
l'abisso del cielo
e il mio cuore gemendo
ti brama gemendo col vento.

Gitanjali, XVIII

Amore impossibile

Quando venne il tempo
la colomba chiusa in gabbia
e l'usignolo libero della foresta
s'incontrarono.
Così aveva stabilito il destino.

L'usignolo libero gridava alla reclusa:
«Amore mio, voliamo nel bosco!».
La colomba ingabbiata lo supplicava:
«Vieni a vivere con me».
L'usignolo le chiese:
«Tra le sbarre? Ma non c'è spazio per stendere le ali».
«Ahimè», sospirò la colomba,
«non so come raggiungere il cielo».

L'usignolo libero trillava:
«Amore mio, canta con me le canzoni delle foreste».
La colomba implorava:
«Siedi al mio fianco, t'insegnerò il linguaggio dei sapienti».
L'usignolo soffriva:
«No, oh no! I canti non si possono insegnare».
La colomba disse:
«Ahimè, non conosco i canti delle foreste».

Il loro amore era intenso e struggente,
ma non riuscirono mai a volare insieme.
Attraverso le sbarre si guardarono a lungo,
ma vano fu il loro desiderio di conoscersi.

Sbatterono furiosamente le ali.
«Vieni vicino a me, amore mio!»,
pregava la colomba.
«Mi fanno paura le sbarre della tua prigione»,
confessò l'usignolo.
La colomba pianse amaramente
sulle proprie ali morte e impotenti.

Il giardiniere, VI

Abbraccio

Questa notte la mia sposa ed io
giocheremo al gioco della morte.
La notte è nera,
le nuvole in cielo sono capricciose
e la tempesta infuria sul mare.
Abbiamo lasciato un letto di sogni
abbiamo spalancato le porte di casa
e siamo usciti, la mia sposa ed io.
Ci sediamo su un dondolo,
e il vento ci sospinge.
La mia sposa si leva con gioia e tremore,
freme e mi abbraccia.
A lungo l'ho corteggiata teneramente,
le ho steso un giaciglio di fiori,
e ho chiuso le imposte
per proteggerla dal sole abbagliante.
L'ho baciata a lungo sulle labbra,
le ho sussurrato dolcemente all'orecchio,

quasi sveniva di languore.
Poi, perduta in una nebbia
di eterno desiderio,
quasi non rispondeva alle carezze e
il mio canto doveva ridestarla.
Questa notte ci è giunto
dalla foresta il richiamo del vento.
La mia sposa si è levata tremante,
mi ha preso per mano ed è uscita.
I suoi capelli volano nel vento,
il suo leggero vestito ondeggia
e la ghirlanda di fiori
fruscia sul suo petto.
La spinta della morte l'ha tuffata nella vita.
Ora siamo viso contro viso,
cuore a cuore,
abbraccio nell'abbraccio,
la mia sposa ed io.

Il giardiniere, LXXXII

Apertura

Mi hai avvicinato
a fratelli che non conoscevo.
Mi hai fatto entrare
in case che non erano la mia.
Mi hai condotto al lontano,
e reso amico lo straniero.

Quando abbandono il mio rifugio abituale
sento nel cuore una punta di nostalgia;
dimentico che l'antico abita nel nuovo,
e che Tu stesso vi trovi dimora.

Attraverso nascite e morti,
in questo oppure in altri mondi,
ovunque Tu mi conduca, ci sei,
sei l'unico compagno
della mia eternità,
e spalanchi il mio cuore con slanci di gioia
a ciò che non è familiare.

Se vivo in Te
nessuno mi sarà estraneo,
non vi saranno porte chiuse,
ma esaudisci questa mia preghiera:
che mai mi sfugga la carezza dell'uno
nel gioco dei molti.

Gitanjali, LXIII

Astuzia (a fin di bene)

C'era una volta un bramino, un sacerdote dell'India, che celebrava cerimonie religiose in luoghi non facilmente raggiungibili. Quel giorno doveva attraversare una foresta per visitare un villaggio lontano. A un tratto trovò una gabbia nella quale era rinchiusa una bellissima tigre.

Il bramino provò pietà per la tigre e decise di liberarla, anche se sapeva che le tigri potevano mangiare gli uomini.

La tigre gli disse: «Ti giuro che non mangerei mai il mio benefattore!».

Il bramino la liberò, poi l'animale disse: «Come potevi pensare che giurassi il vero? Ho fame!».

Il bramino le chiese: «Prima di mangiarmi, sentiamo cosa ne pensa quest'albero!».

L'albero rispose: «Gli uomini sono cattivi. Io offro loro riparo e refrigerio, e loro per tutta ricompensa mi tagliano e mi uccidono. Mangialo pure, per me!».

Il bramino decise di chiedere un altro parere. Poco lontano, in una radura, un asino stava brucando, e interpellato rispose: «Gli uomini? Creature perfide! Ci sfruttano tutta la vita, e quando siamo vecchi ci abbandonano. Mangialo pure!».

A quel punto, il bramino vide che stava arrivando una volpe: «Chiediamo anche a lei, e se anche lei dirà di mangiarmi, potrai fare il tuo pasto crudele!».

La volpe guardò i due, e disse: «Voi mi state prendendo in giro: ma come faceva una tigre così grande a stare in una gabbia così piccola?».

La tigre protestò e disse che era la verità, allora la volpe continuò: «Sì, e io vi credo! Figuriamoci un po', mi state prendendo in giro!».

Arrabbiata, la tigre rientrò in gabbia: a quel punto la volpe la rinchiuse e poi disse al bramino: «Certo che senza un po' d'astuzia tu proprio non te la cavavi!».

Legami spezzati e altre storie

Anima

La tua anima è pura
come sorgente che zampilla:
eleva lungo il cammino
un canto di gioia.
E più andrà avanti
più diverrà colma,
come il fiume
che irriga le sponde
con il dono dei frutti.

Liriche di Puravi

Armonia

Quando mi chiedi di cantare
il mio cuore trabocca d'orgoglio.
Guardo il tuo volto
e le lacrime salgono agli occhi.

Tutto ciò che nella mia vita
è aspro e discorde
si fonde in te, dolce armonia,
e la mia adorazione stende l'ali
come un gabbiano felice
nel suo volo attraverso il mare.

So che ti diletti del mio canto,
che soltanto come cantore
posso presentarmi al tuo cospetto.

Con melodia d'amore
bacio i tuoi piedi,
che mai avrei pensato di poter sfiorare.

Ebbro della felicità del mio canto
dimentico me stesso
e chiamo amico Te
che sei il mio Signore.

Gitanjali, II

B come...

Bellezza

Quando salì sul treno si voltò per un istante, lanciandomi un ultimo sguardo.

Dove potrò mai trovare nell'intero universo un luogo segreto, al di fuori del tempo che consuma ogni cosa, ove custodire il piccolo fiore di quell'attimo?

Svanirà quello sguardo come scompaiono i colori dorati delle nuvole al tramonto? Si frantumerà come un fiore di eucalipto bagnato dalla pioggia? Come potrà durare tra le volgarità della vita, nell'intrico del destino e dei dolori?

Superando ogni altro, il suo dono mi ha raggiunto, e lo conserverò intrecciandolo in un canto e intarsiandolo nelle parole: sarà protetto così, in uno scrigno di meraviglie.

Sulla terra la potenza del re e lo sfarzo del ricco esistono solo per svanire. In una lacrima, invece, c'è quell'infinito che rende immortale uno sguardo fugace.

Il ritmo della poesia dice: «Fammene dono! A me non interessa la potenza dei re né lo sfarzo dei ricchi, queste piccole cose sono i miei tesori autentici e con essi intreccio ghirlande d'infinita bellezza».

Pietre magiche e altre storie

Bisogno

Concedimi quel poco,
che mi permetta di riconoscere
che sei il Tutto.

Donami quel poco,
perché in ogni luogo
senta bisogno di Te,
perché senza ritegno
possa tornare da Te,
perché in ogni momento
possa offrirti il mio cuore.

Regalami quel poco,
affinché l'abbondanza
non ti nasconda mai ai miei occhi;
dammi una catena
con cui possa legarmi alla tua volontà
per sempre;
lascia che il bisogno di Te
pervada la mia vita
e si trasformi in slancio d'amore.

Gitanjali, XXXIV

Brezza

Sì, lo so, è solo il tuo amore
la luce dorata che danza sulle foglie,

le pigre nubi che veleggiano nel cielo,
la brezza che passa lasciando
la sua freschezza sulla mia fronte.

La luce del mattino m'ha inondato gli occhi:
è questo il tuo messaggio al mio cuore.
Chini il viso su di me, i tuoi occhi fissano i miei,
e il mio cuore si posa ai tuoi piedi.

Gitanjali, LIX

Bambino

Il bambino chiama la mamma e domanda:
«Da dove sono venuto?
Dove mi hai trovato e raccolto?».

La mamma ascolta,
piange e sorride
mentre stringe al petto il suo piccolo:
«Eri un desiderio dentro il cuore!
Eri nel gioco il mio balocco, all'aurora,
al tempo della preghiera, ti ho sfatto e rifatto.
Tu eri davanti a Dio
sul trono dell'adorazione:
nella sua adorazione
ti ho adorato!
Nelle speranze della mia vita,
in tutti i miei amori,
nella vita dei miei antenati,
nella nostra casa antica, nessuno sa

quanto tempo fosti nascosto nel seno di Dio.
Quando il cuore nella giovinezza si aprì in fiore,
ti univi come fragranza
stretto insieme alle mie tenere membra,
spargendo grazia con la tua tenerezza.
Caro tesoro di tutti gli dèi
tu sei più antico dell'eternità,
della stessa età
della luce dell'aurora:
dai sogni dell'universo
sei arrivato in un'onda di gioia
a riempire di gioia il mio cuore.
Con occhi stupiti ti guardo:
non comprendo il tuo mistero!
Eri di tutti, sei diventato mio.
In quel corpo baciando questo corpo,
diventato bimbo della mamma,
ti sei fatto vedere
mentre sorridi
dolcemente.
Per paura di perderti
desidero legarti al petto:
se t'allontani un poco sono in angoscia.
Non so quale illusione spezzare
per tenermi legato il tesoro dell'universo
nascosto dentro queste mie due deboli braccia».

Luna crescente

C come...

Coppia

Che cosa aveva detto il flauto del mio Amore nel primo giorno di matrimonio? Aveva detto: «Quella che era lontana, ora è al mio fianco». E poi: «Sono riuscito a trattenere colei che sfugge anche quando la si possiede; ho trovato colei che, anche se conquistata, non si è mai certi di possedere».

Perché oggi – ch'è passato molto tempo – il flauto non suona più ogni giorno? Forse perché ho perduto una parte della visione? Un tempo pensavo che mi fosse solo vicina e non mi rendevo conto che era anche lontana.

Ho vissuto solo metà dell'amore: l'unione con la mia sposa. Non mi sono accorto dell'altra metà, la separazione. Per questo non conosco la terribile esperienza del totale distacco, il volo della vicinanza la nasconde.

Nel grande spazio che divide due anime tutto è silenzio, le parole non trovano posto.

Questo profondo vuoto si può colmare soltanto con la musica del flauto, che risuona solo nello spazio infinito dell'Amore.

Quello spazio tra noi, ora, è pieno di buio, popolato dalla stoltezza, dall'inquietudine e dalla viltà della vita quotidiana.

Pietre magiche e altre storie

Carezza

Sognai di lei,
seduta accanto a me,
che con una carezza
arruffava teneramente i miei capelli.

Guardai il suo viso,
e lacrime mi annebbiarono lo sguardo,
finché l'ansia di parole non dette
interruppe il mio sogno
che svanì come una bolla.

Mi alzai sul letto,
guardai lo splendore della Via Lattea
sopra la finestra,
come un mondo di silenzio in fiamme,
e mi chiesi se anche lei
avesse sognato quella carezza.

Il dono dell'amante

Compassione

Se il giorno volge alla fine
se gli uccelli hanno smesso di cantare
se il vento stanco è cessato
stendi su di me
il velo dell'oscurità più fitta
come hai avvolto la terra

nella coltre del sonno
chiudendo la sera
i petali dei fiori di loto.

Prima che il suo viaggio finisca,
libera il viandante,
con la bisaccia vuota,
le vesti lacere e polverose
e ogni energia esaurita,
dalla vergogna e dalla povertà,
rinnova la sua vita come un fiore
sotto il mantello della tua dolce notte.

Gitanjali, XXIV

Compagnia di Dio

Mentre incosciente ti ferivo
scoprivo ch'eri accanto a me.
Lottando vanamente contro di Te
sentivo ch'eri tu il mio Signore.
Derubando il tuo onore con assurde pretese
vedevo crescere il mio debito con Te.
Nuotavo contro la corrente della vita
eppure sentivo la forza del tuo amore.
Per nascondermi da Te
ho soffocato la mia luce,
ma Tu m'hai sorpreso con le stelle.

Liriche di Puravi

Cuore

I tuoi occhi m'interrogano tristi.
Vorrebbero sondare tutti i miei pensieri
come la luna scandaglia il mare.
Ti ho svelato il mio cuore
mettendolo a nudo per te,
senza nulla nascondere o trattenere.
Per questo non mi conosci.
Se fosse una gemma,
la romperei in cento frammenti
e con essi farei una collana
per cingere il tuo collo.
Se fosse un fiore,
piccolo e profumato,
lo coglierei dallo stelo
per metterlo fra i tuoi capelli.
Ma è l'oceano del mio cuore, mia diletta,
dove sono le sue spiagge e i suoi fondali?
Di questo regno tu ignori i confini,
eppure sei la sua regina.
Se fosse un momento di gioia
fiorirebbe in un luminoso sorriso,
lo capiresti al volo
in un attimo fuggente.
Se fosse un dolore
si scioglierebbe in limpide lacrime,
rivelando il suo più intimo segreto

senza dire una sola parola.
Ma è il mio cuore, amore mio,
le sue gioie e le sue angosce
sono immense,
e infiniti i suoi desideri e le sue ricchezze.
Questo cuore ti è vicino come la tua stessa vita,
ma non puoi conoscerlo interamente.

Il giardiniere, XXVIII

Creazione

Agli albori del tempo la terra era un'enorme distesa d'acqua.
Dai flutti si mosse il Creatore sotto forma di vento, e mentre esplorava i flutti vide affiorare una foglia di loto.
«Sarà di certo appoggiata su qualcosa», si disse, e seguendo sott'acqua il suo stelo arrivò fino alla terra.
Il Creatore prese tutta la terra, la plasmò e la distese sulla foglia di loto.
Le montagne furono la sua prima opera.
Decise che i monti avrebbero avuto le ali: si libravano nel cielo e, ogni tanto, si posavano sulla terra per poi spiccare di nuovo il volo.
Indra, il re degli dèi, tagliò loro le ali, perché aveva stabilito di fermare la terra sulla foglia di loto proprio con il peso delle montagne.
Le ali delle montagne divennero nuvole.
Ed è per questo che, ancora oggi, le nubi si fermano sempre sulle cime dei monti.
È lì, infatti, che sono nate.

Legami spezzati e altre storie

Cielo

Sei sveglia,
e attendi il suono dei miei passi,
la tua gioia si raccoglie ai primi albori del mattino
per abbracciarmi nell'esplosione della luce.
Più mi accosto a te
più profondo diventa
il fervore della danza e del mare.
Il tuo mondo è uno spruzzo di luce
che si diffonde attraverso le mani,
ma il tuo cielo è nel mio cuore segreto,
schiude con calma
i boccioli di un timido amore.

Il dono dell'amante

Crescita

Tutto ciò a cui possiamo aspirare
è divenire sempre più una cosa sola.
Nel regno della materia, dominio della separazione,
cresciamo appropriandoci delle cose.
Nel mondo dello spirito, dominio dell'unità,
cresciamo donando noi stessi.

Raccolta votiva

Cibo (del corpo e dell'anima)

Chi non ha pane
guarda al cielo
e invoca Dio.
Sulla terra,
dove Dio risponde
al cuore di ogni uomo,
con ubbidienza e sacrificio
con lavoro e coraggio
avrà termine la povertà
e la vittoria sarà conquistata.
Il contadino per il pane
segna con l'aratro il campo.
Il poeta con la penna segna la carta,
e dalle pagine sorgono frutti,
il cibo della mente.
Lo scultore plasma la statua
traendo dalla pietra un'infinita bellezza
che rinfranca l'anima
portandoci oltre gli angusti spazi della vita.

Scintille

Colori

Ti adorerò nei fiori,
nelle piante della foresta;
in cima alla tua fronte
poserò i colori dell'amore,

ti abbraccerò con nastri variopinti.
Farò l'altalena sulle onde
dell'oceano della gioia
con nuovi canti e melodie.
Non ho più orgoglio
per la vita umana:
fissato al tuo volto materno
di un verde tenero,
ho amato la tua terra,
la tua polvere.
Stretto al seno
dove sono nato
non correrò più a cercare
la salvezza altrove.

La barca d'oro

Cammino

Dicendo «Ama il prossimo tuo come te stesso», Gesù non volle diminuire la portata dell'amore. Non disse: «Ama il tuo prossimo»; disse: «Amalo come te stesso». Chi desidera raggiungere Dio, chi desidera "entrare in Dio", deve sperimentare questo amore immenso, deve camminare per questa strada. Gesù disse anche: «Ama i tuoi nemici». E fu proprio perché voleva perdonare i suoi avversari che non si fermò, paralizzato dalla paura, a metà strada. Volle amare i suoi denigratori fino in fondo, realizzando i progetti del Padre per diventare Uno con Lui e godere della sua intimità.

Infine, ci spronò: «A chi ti chiede il vestito, dai anche il mantello». Per gli uomini del mondo queste cose sono impensabili, esagerate, perché essi non capiscono quel fine così grande. Il mondo può lasciare anche il mantello insieme con il vestito, se ciò soddisfa le esigenze della vita presente, ma se pensa che l'intimità con Dio sia meno preziosa delle necessità dell'esistenza terrena, allora farà fatica a donare anche solo un cencio. Coloro che sono venuti ad annunciare agli uomini che non c'è nulla di più grande di Dio non hanno voluto mostrare un Dio piccolo, fatto a misura dei minuscoli desideri dell'uomo mondano. Essi, senza esitazione, hanno proclamato un grande annuncio.

Avendo rivelato con passione questa grandiosa verità, ci è stata data una bella speranza: ci è stato mostrato quanto lontano possa andare il cammino dell'uomo e quanto incommensurabile è la sua capacità di espandersi attraverso l'amore.

Santiniketan, conferenza 26 marzo 1909

Canzone

Le mani s'intrecciano alle mani
e gli occhi indugiano negli occhi:
così ha inizio la storia dei nostri cuori.

È la notte della luna di marzo,
nell'aria un dolce profumo di henné;
il mio flauto giace per terra
e la tua ghirlanda di fiori non è terminata.

L'amore fra noi due
è come una canzone.

Il tuo velo color zafferano
inebria i miei occhi,
la corona di gelsomini che prepari
mi rallegra come una lode.
È un gioco di slanci e ritrosia,
di svelamento e pudore,
di sorrisi e timidezze,
di irresistibili schermaglie.

Nulla oltre il presente;
nessuna lotta per l'impossibile;
nessuna ombra dietro l'incanto;
nessuna ricerca a tentoni nel buio.

L'amore fra noi due
è come una canzone.

Non andiamo oltre le parole
per cercare l'eterno silenzio;
non alziamo le mani nel vuoto
per bramare oltre la speranza.
Ciò che diamo e riceviamo ci basta.
Non abbiamo abusato della gioia
per spremere il vino del dolore.

L'amore fra noi due
è come una canzone.

Il giardiniere, XVI

D come...

Dolcezza

Il giorno in cui fiorì il loto,
ahimè, la mia mente era persa
e non me ne accorsi.
Il mio cestino rimase vuoto
e il fiore inosservato.

Solo ogni tanto
una tristezza mi prende,
mi sveglio dal mio sonno
e sento nel vento del sud
la presenza dolce di una fragranza.

Quel vago languore
tormenta il mio cuore
come un desiderio,
sembra il vento tiepido dell'estate
in cerca di un porto.

Non sapevo allora
che quella perfetta dolcezza

mi era già vicina
che era già mia
da sempre fiorita
nel profondo del mio cuore.

Gitanjali, XX

Donna

Donna, non sei soltanto meraviglia di Dio,
ma anche degli uomini,
che sempre ti fanno bella
offrendoti il loro cuore.
I poeti creano tappeti intarsiati per te
con i fili dorati della fantasia;
i pittori danno alla tua forma
sempre nuova immortalità.
Il mare dona le sue perle,
le miniere il loro oro,
i giardini d'estate i loro fiori
per onorarti, per coprirti,
e renderti sempre più preziosa.
Il desiderio del cuore degli uomini
ha steso la sua gloria
sulla tua giovinezza.
Per metà sei donna,
e per metà sei sogno.

Il giardiniere, LIX

Desiderio

«Io desidero te, soltanto te»,
è il mio cuore a ripeterlo senza fine.
Sono falsi e vani i desideri
che sempre mi distolgono da te.
Come l'oscurità della notte
non spegne il desiderio della luce,
così le profondità della mia coscienza
non possono far tacere il grido:
«Io desidero te, soltanto te».
Come la bufera di tempesta
cerca pace nella bonaccia,
pur lottando con tutta la sua furia,
così la mia ribellione
lotta contro il tuo amore,
eppure grida:
«Io desidero te, soltanto te».

Gitanjali, XXXVIII

Dignità

L'umanità osserva le leggi per paura delle sanzioni e questa
paura dimostra debolezza spirituale. L'individuo, guidato per
lo più dalla paura, nella società e nello Stato, è umiliato come
una bestia. La sua stessa dignità ne esce diminuita. Anche oggi
il peso della paura continua a dominare gli uomini.

Il cuore umano non si è liberato dalle impurità, perciò accadono tante disgrazie. Per alzare il velo opaco dallo spirito umano, nel corso dei secoli Dio ha inviato grandi anime, profeti, uomini della Parola. Sono uomini che hanno messo in guardia dalle ricchezze, invitando ad alzare lo sguardo verso i cieli, dove si espande la luce, dove spira la vita, dove la libertà si diffonde. Di là fiorisce la bellezza e la dignità.

Santiniketan, conferenza 25 dicembre 1936

Dolore

Colsi il fiore del destino,
lo strinsi al cuore
e la spina mi punse.

Quando il giorno svanì e si fece buio,
vidi che il bocciolo era sfiorito,
ma il dolore era rimasto.

Altri fiori verranno
per mano del destino
con profumo e splendore.

Per me è passato il tempo dei fiori;
nella notte oscura non ho più la mia rosa,
solo il dolore è rimasto.

Il giardiniere, LVII

Dio

Il Dio della vita
giorno dopo giorno
fa fiorire i gesti dell'adorazione
nell'anima e nel corpo
nella contemplazione e nell'azione.
Spero che la tua vita
possa traboccare
giorno e notte
della loro fragranza
e della loro dolcezza.

Scintille

Divinità dell'uomo

Una vecchia leggenda indù racconta che vi fu un tempo in cui tutti gli uomini erano dèi. Essi però abusarono talmente della loro divinità che Brahma – signore degli dèi – decise di privarli del potere divino e di nasconderlo in un posto dove fosse impossibile trovarlo. Il grande problema fu quello di trovare un nascondiglio. Quando le divinità minori furono riunite a consiglio per risolvere il dilemma, esse proposero questa soluzione: «Seppelliamo la divinità dell'uomo nella Terra».
Brahma tuttavia rispose: «No, non basta. Perché l'uomo scaverà e la ritroverà».
Gli dèi, allora, replicarono: «In tal caso, gettiamo la divinità nel più profondo degli oceani».

E di nuovo Brahma rispose: «No, perché prima o poi l'uomo esplorerà le cavità di tutti gli oceani, e sicuramente un giorno la ritroverà e la riporterà in superficie».

Gli dèi minori conclusero allora: «Non sappiamo dove nasconderla, perché non sembra esistere – sulla terra o in mare – luogo alcuno che l'uomo non possa prima o poi raggiungere».

E fu così che Brahma disse: «Ecco ciò che faremo della divinità dell'uomo: la nasconderemo nel suo io più profondo e segreto, perché è il solo posto dove non gli verrà mai in mente di cercarla».

A partire da quel tempo, conclude la leggenda, l'uomo ha compiuto il periplo della terra, ha esplorato, scalato montagne, scavato la terra e si è immerso nei mari alla ricerca della perla preziosa che si trova dentro di lui».

Legami spezzati e altre storie

Dono

Quando allargo la mia rete
per arraffare le cose migliori,
esse mi sfuggono
non so dove.
Quando dono me stesso
allargando le braccia,
sono le cose migliori
a venirmi incontro.

Scintille

E come...

Esistenza

Quando la morte busserà
alla tua porta, cosa le offrirai?
Porgerò alla mia ospite
la coppa colma della mia vita:
non la lascerò a mani vuote.
Tutta la ricca vendemmia
dei miei giorni d'autunno
e delle notti d'estate,
tutto quello che ho guadagnato,
tutto quello che ho spigolato
nelle fatiche della mia vita,
lo presenterò a lei,
quando alla fine dei miei giorni
la morte busserà alla mia porta.

Gitanjali, XC

Estasi

Milioni di anni fa, tutte le creature viventi si erano estinte, e del mondo non era rimasto altro che una nebbiosa fredda immensa palude.

Solo un vecchio era sopravvissuto, un unico magro superstite che avanzava solitario: Markandeya camminava e camminava, un passo dopo l'altro, nell'acqua ferma e scura.

Si sentiva esausto, non riusciva a scorgere alcun riparo, ma solo un'interminabile palude che si stendeva fino all'orizzonte, priva di ogni traccia di vita.

Era ormai disperato, e stava per lasciarsi andare, quando all'improvviso si voltò di scatto senza nemmeno saperne il motivo.

Dietro di lui vide un grande albero di *banyan*, l'albero della conoscenza, che spuntava dalla palude e, tra le lunghe radici, un bambino luminoso come il sole che gli sorrideva.

Markandeya rimase immobile per lo spavento.

«Vedo che hai bisogno di riposarti – gli disse il bambino, che era in realtà il dio Vishnu – vieni dentro di me», e schiuse le labbra.

Si levò allora un forte vento che trascinò Markandeya attraverso la bocca del bambino trascinandolo fin nelle sue viscere.

Markandeya si guardò intorno stupito: c'erano torrenti, alberi, campi di riso e mandrie di buoi. Vide donne che portavano l'acqua sulla testa, vide città merlate, strade gremite, carovane di cammelli, fiumi di uomini felici… Nella pancia di Vishnu vide il mondo intero in tutta la sua bellezza, vide l'oceano profondo, vide il cielo infinito.

Markandeya camminò e camminò per più di cento anni, senza mai raggiungere la fine della pancia del bambino.

Finché il vento soffiò di nuovo e Markandeya si sentì risucchiare: uscì dalla bocca di Vishnu, sotto l'albero di *banyan*.

Il bambino allora gli sorrise di nuovo: «Spero sia stato bello concederti un po' di riposo in me».

Legami spezzati e altre storie

Eternità

Mi hai creato per l'eternità,
questo è il tuo volere.
Sono un fragile vaso
che vuoti e riempi
di vita sempre nuova
senza sosta.
Sono un minuscolo flauto di canna
in cui Tu stesso hai soffiato
melodie infinite
per valli e colline.
Quando mi sfiori con le tue mani divine
il mio piccolo cuore si abbandona
a una gioia senza fine
e canta arie ineffabili.
Nelle mie povere mani
Tu deponi i tuoi doni preziosi.
Il tempo scorre, e continui a versare,
e ancora c'è spazio da riempire.

Gitanjali, I

Esperienza interiore

Durante il giorno lavoro intensamente e ho intorno a me un gran numero di persone. La sera, mi pare che la mia esperienza di vita si sia esaurita nell'attività e nei colloqui che ho intrattenuto durante il giorno. Non ho mai tempo per riflettere su cosa sia rimasto dentro di me.

Stamane il cielo è coperto di nuvole; anche oggi mi attende un lavoro intenso e ci sarà tanta gente intorno a me, eppure sento dentro qualcosa di incontenibile, che non mi è possibile esprimere compiutamente.

L'uomo ha percorso gli oceani, valicato le montagne, si è impadronito di tesori sommersi, ma non è ancora riuscito a manifestare agli altri le proprie esperienze interiori.

In questa mattina piovosa la mia interiorità, ancora imprigionata come un animale in gabbia, mi parla e mi scuote dal profondo. L'io interiore mi incita a raccogliere tutta la pioggia dalle nuvole cariche del suo cielo. È come scuotere la catena di una porta chiusa, e allora mi chiedo come potrò fare, a chi potrà mai interessare la mia esperienza interiore, chi sarà quell'amico che, al di là della comune cortesia, vorrà ascoltare insieme a me la mia musica, i miei dolori dispersi e la gioia. Posso donare solo a chi sa chiedere, a chi ha una voce simile alla mia. A quale curva della strada incontrerò il mendicante che mi farà richiesta di tutto quello che possiedo?

Questo mio dolore segreto ha il colore ocra della polvere della strada che voglio percorrere, superati tutti i doveri, quella strada su cui risuonano, con i miei, i passi del compagno ancora sconosciuto.

Pietre magiche e altre storie

F come...

Fugacità

Cogli questo piccolo fiore,
tienilo fra le mani. Non indugiare!
Temo appassisca
e cada nella polvere.

Non so se potrà trovar
posto nella tua ghirlanda,
ma prendilo fra le tue mani,
e sfioralo con una carezza.

Temo che il giorno finisca
prima del mio risveglio
e passi l'ora dell'offerta.

Anche se il colore è pallido,
e tenue il suo profumo,
godi di questo fiore –
finché c'è tempo – e coglilo.

Gitanjali, VI

Fraternità

Scorgiamo il sorriso di Dio
nella luce del fratello che guarda il fratello.
Dio ascolta sempre le preghiere
di cuori uniti nell'amore fraterno.

Scintille

Fiducia

Mi hai fatto povero
tra il sorriso delle stelle,
mi hai dato un cuore
mendicante per le strade.
Passai ramingo di porta in porta
e, quando la mia borsa si riempiva,
tu mandavi qualcuno a derubarmi.
Al termine della mia giornata
mi sedetti fiducioso
sulla soglia della tua casa:
ecco la mia sporta vuota!
Ti vidi allora scendere
e prendermi per mano,
mi ritrovai seduto
accanto a te
sul tuo trono.

Liriche di Puravi

Forza

Di questo ti prego, Signore:
colpisci, colpisci alla radice
la miseria del mio cuore.

Dammi la forza di sopportare
serenamente gioie e dolori.

Dammi la forza
di rendere il mio amore
utile e fecondo al tuo servizio.

Dammi la forza
di non respingere mai il povero,
di non piegare le ginocchia
davanti all'insolenza dei potenti.

Dammi la forza
di elevare il pensiero
sopra le meschinità
della vita di ogni giorno.

Dammi la forza
di piegare con amore
la mia forza alla tua volontà.

Gitanjali, XXXVI

Futuro

Nella mia vita ho amato,
cuore e anima,
luci e ombre della terra.
Questo amore senza fine
ha fatto udire la voce della speranza
nell'azzurro del cielo.
E rimarrà nella felicità
e nel dolore più profondo,
rimarrà in ogni gemma e in ogni fiore,
nelle notti primaverili e in quelle d'estate.
Ho messo l'anello di nozze
alla mano del futuro.

Scintille

Fior di loto

Io so che Tu
notte e giorno
ascolti il rumore dei miei passi,
felice di guidarmi nella vita.
La tua felicità
fiorisce in cielo d'estate.
La tua felicità
si spande sui fiori e sulle foreste
nella palpitante primavera.

Quanto più m'avvicino a Te
scoprendo la via
tanto più il tuo oceano danza con me
un giorno dopo l'altro.
Di vita in vita il mio loto
apre i suoi petali
e fiorisce nell'oceano dei tuoi destini.
Il sole e le stelle si affollano curiosi
passando da un orizzonte all'altro.
Il tuo mondo pieno di luce
rende perfetta la tua offerta.
Il tuo cielo timido
rende visibile l'amore
e apre un bocciolo
nel firmamento del mio animo.

Uccelli migranti

Felicità

Nella sala delle udienze del mondo
il minuscolo filo d'erba sarà seduto
sullo stesso tappeto del raggio di sole
insieme alle stelle di mezzanotte.
E anche i miei canti
saranno su quel tappeto
danzando con la musica delle nubi e delle foreste.
Ma tu, uomo avido e potente,
sappi che la tua ricchezza

non avrà parte nella semplice grandiosità
del gioioso oro del sole
e del tenero riflesso della luna.
La felicità celeste
che tutto abbraccia
non è versata sulla ricchezza.
E quando compare la morte,
essa impallidisce
appassisce
e si sbriciola in polvere.

Il giardiniere, LXXIV

G come...

Giardino

SERVO – Abbi pietà del tuo servo, mia regina!

REGINA – La riunione è finita, e tutti i miei servi sono andati via. Perché tu vieni a questa tarda ora?

SERVO – Quando hai finito con gli altri, allora viene la mia ora. Vengo a chiederti cosa rimane per il tuo ultimo servo.

REGINA – Che speri di ottenere, quando è così tardi?

SERVO – Fammi giardiniere del tuo giardino di fiori.

REGINA – Che follia è questa?

SERVO – Rinuncerò a ogni altro mio lavoro. Getterò nella polvere le mie lance e le mie spade. Non inviarmi in corti lontane; non ordinarmi di compiere nuove conquiste. Ma fammi giardiniere del tuo giardino di fiori.

REGINA – Quali saranno i tuoi doveri?

SERVO – Servirti nei tuoi giorni d'ozio. Manterrò fresco il sentiero erboso dove cammini al mattino, dove a ogni passo i tuoi piedi saranno salutati con lodi da fiori anelanti di morire. Ti dondolerò su un'altalena tra i rami del *saptaparna*, dove la prima luna della sera lotterà tra le foglie per baciarti l'orlo della veste. Riempirò d'olio profumato la lampada che arde accanto al tuo letto, e ornerò lo sgabello dove posi i piedi con meravigliosi disegni, fatti con impasto di sandalo e zafferano.

REGINA – E cosa chiedi come ricompensa?

SERVO – Di poter stringere i tuoi piccoli pugni simili a teneri boccioli di loto e intrecciare ai tuoi polsi ghirlande di fiori; di tingerti le piante dei piedi col rosso succo dei petali di *ashoka* e togliere con i miei baci i granelli di polvere che potranno posarvisi.

REGINA – Le tue preghiere sono esaudite, mio servo, sarai il giardiniere del mio giardino di fiori.

Il giardiniere, I

Gioco

I bambini s'incontrano
sulla spiaggia di mondi sconfinati.
Lassù il cielo infinito è silente
e l'instancabile acqua è agitata.
I bambini s'incontrano con grida e danze
sulla spiaggia di mondi sconfinati.

Costruiscono castelli di sabbia
e giocano con conchiglie vuote.
Con foglie secche intrecciano le loro barche
e sorridendo le fanno galleggiare nel mare.
I bambini giocano sulla spiaggia dei mondi.

Non sanno nuotare, non sanno gettare le reti.
I pescatori di perle si tuffano per cercare le perle,
i mercanti navigano sulle loro navi,
mentre i bambini raccolgono sassolini
e li sparpagliano di nuovo.
Non cercano tesori nascosti,
non sanno gettare le reti.

Il mare ondeggia ridendo
e pallido riluce il sorriso della spiaggia.

Le onde portatrici di morte
cantano ai bambini ballate senza senso,
come una madre canta ninnenanne
dondolando la culla del suo bambino.
Il mare gioca con i bambini
e pallido riluce il sorriso della spiaggia.

La tempesta vaga nel cielo senza sentieri,
le barche naufragano nell'acqua senza una rotta.
La morte è in giro e i bambini giocano.
Sulla spiaggia di mondi sconfinati
c'è il grande incontro dei bambini.

Gitanjali, LX

Gratuità

Ero giovane e mi sentivo forte. Quella mattina di primavera
uscii di casa e gridai: «Io sono a disposizione di chi mi vuole.
Chi mi prende?».

Mi mostrai al mondo sbracciandomi sul ciglio della strada. Sul suo cocchio, con la spada in mano e seguito da mille guerrieri, passava il Re.

«Ti prendo io al mio servizio», mi disse fermando il corteo. «E per compensarti ti darò parte della mia potenza». Io della sua potenza non sapevo che farmene. E lo lasciai andare.

«Io sono a disposizione di tutti. Chi mi vuole?».

Nel pomeriggio assolato, un anziano pensieroso mi fermò, e mi disse: «Ti assumo io, per i miei affari. E ti compenserò a suon di rupie sonanti». Poi cominciò a far tintinnare le sue monete d'oro davanti ai miei occhi. Io dei suoi quattrini non sapevo che farmene. E mi voltai dall'altra parte.

La sera giunsi nei pressi di un casolare. Si affacciò una graziosa fanciulla e mi disse: «Ti prendo io e ti compenserò col mio sorriso». Rimasi perplesso. Quanto dura un sorriso? Frattanto quello si spense e la fanciulla si dileguò nell'ombra.

Passai la notte disteso sull'erba, e la mattina dopo ero fresco di rugiada. Ripresi a camminare.

«Io sono a disposizione... Chi mi vuole?».

Il sole già faceva scintillare il paesaggio e il mare, quando scorsi un bambino seduto sulla spiaggia, giocava con tre conchiglie. Al vedermi alzò la testa e sorrise, come se mi riconoscesse.

«Ti prendo io», disse, «e in cambio non ti darò niente».

Accettai il contratto e cominciai a giocare con lui. Alla gente che passava e chiedeva di me, rispondevo: «Non posso, sono impegnato».

E da quel giorno mi sentii un uomo libero.

Pietre magiche e altre storie

Gelsomino

Una mattina di primavera
un fiore di gelsomino
aprì gli occhi
per la prima volta.
E per la meraviglia
guardò in tutte le direzioni.
Le api ronzando dicevano:
«Dov'è il miele, dacci il miele!».
Con il cuore ricolmo di gioia
il fiore disse: «Eccolo!».
Il vento arrivò
e sussurrò all'orecchio:
«O gelsomino, dammi il tuo profumo!».
Il fiore piangendo di gioia disse:
«Prendi la mia essenza!».
Sotto l'albero che lo proteggeva,
con lo stelo spezzato,
prima di chiudere gli occhi,
il fior di gelsomino
guardò da ogni parte.
Si avvicinò l'ape e disse:
«Dov'è il miele? Voglio miele!».
Sospirando pian piano, il fiore disse:
«Nulla, non ho più nulla!».
Si avvicinò il vento e chiese:
«O fiore, dammi profumo!».

Il fiore chino
con volto triste disse:
«Che vuoi ancora da me?
Ti ho dato tutto».

Luna crescente

Giustizia

Molto tempo fa, nella città di Jodhpur, vivevano il re Bansilal
e il suo ministro Janak.

Janak era intelligente, erudito, andava ogni giorno al tempio a
pregare, non mentiva mai e sapeva sempre prendere la deci-
sione più saggia.

Era amato da tutti: grazie a lui il regno godeva di grande pro-
sperità e i sudditi vivevano in pace.

Eppure il re era preoccupato. «Se il ministro diventa grande
come il re – pensava – delle due l'una: o il re uccide il ministro,
oppure il ministro uccide il re».

Così, dominato da quell'ostile sospetto, lo fece gettare in pri-
gione, nominò un altro ministro, e non svelò mai che fine
avesse fatto Janak.

Passarono cinque anni, e di lui ormai non chiedeva più nessu-
no, finché un giorno il re del Bengala volle mettere alla prova
il re Bansilal.

Gli inviò due vacche grandi e forti, una identica all'altra, con
questo messaggio: «O grande re, grande è la vostra corte e
grande la vostra fama nel giudicare giustamente ogni cosa:
siate dunque così benevolo da giudicare anche queste due

vacche, e poi rimandatemele indietro. Ditemi dunque qual è la madre e qual è la figlia. Se non saprete farlo sarete da tutti considerato un perfetto imbecille».

Passò un mese, e re Bansilal non aveva ancora trovato la soluzione: «Mi prenderanno in giro i re di tutta l'India! Diventerò lo zimbello di tutti! Ho interrogato i miei servi, tutta la mia corte, il mio ministro, ma nessuno ha idea di quale sia la madre e quale la figlia… oh, se avessi ancora con me Janak, lui sì che saprebbe cosa fare. Grande è la mia tristezza, perché il mio regno e il mio onore sono appesi a un filo».

Domandò allora ai suoi servi: «Che fine ha fatto Janak?».

«È ancora in prigione, dove l'avete fatto rinchiudere voi, maestà!».

«Presto: liberatelo!».

Janak venne portato di fronte al re: era magro da far paura, e teneva gli occhi socchiusi perché non vedeva la luce del sole da molto tempo.

Il re lo ricevette con grande gentilezza, gli restituì la carica di ministro e ricoprì di doni i suoi parenti: «Sei di nuovo mio ministro, Janak, ma sappi che una gran pena mi affligge. Mi sono state inviate due vacche dal Bengala: nessuno sa dire quale sia la madre e quale la figlia. Bisogna che tu lo scopra, altrimenti tutti si prenderanno gioco di me!».

«Sarà fatto», rispose Janak, che sapeva attendere la giustizia.

Janak fece allora cavalcare le due vacche da due giovani cavalieri che le costrinsero a correre.

Quando, dopo aver galoppato a lungo, rimasero senza fiato, le fece fermare una accanto all'altra.

Alla madre, visto in che stato era la figlia, vennero le lacrime agli occhi, e si mise a leccarla e a strofinarla.

«Ecco la madre», disse Janak.

Il re Bansilal si rallegrò, e prontamente inviò le due vacche al re del Bengala con la risposta esatta.

Poi chiese perdono a Janak e gli rese omaggio inchinandosi fino a terra: «Sei davvero grande come un re» gli disse.

E gli affidò con fiducia il governo dell'intero suo regno.

Mashi e altri racconti

Gioia

Talvolta
la mia gioia
ti spaventa
amore mio
nasce dal nulla
e si nutre di poco
di larve invisibili
che il vento trasporta
di frammenti di paura
che si fondono in torpore
di briciole di serenità
cadute dalla mensa dei poveri
di un raggio di sole

che risveglia lucciole
addormentate in gocce di rugiada.
Se mi ami,
amore mio,
perdona la mia gioia.

Raccolta votiva

Generosità

Ero andato mendicando di casa in casa
lungo il sentiero del villaggio,
quando in lontananza
mi apparve la tua carrozza d'oro,
simile a un sogno meraviglioso.
Mi domandai: chi sarà mai questo Re di tutti i re?
Crebbero le mie speranze, e pensai
che i giorni tristi per me sarebbero finiti;
rimasi ad attendere che l'elemosina
mi fosse data senza doverla chiedere,
e che le tue ricchezze
venissero sparse ovunque sulla terra.
Il cocchio si fermò.
Il tuo sguardo cadde su di me,
sorridente.
Sentivo che era giunta finalmente
la fortuna nella mia vita.
Ma Tu, a un tratto,
mi tendesti la mano per chiedere:

«Che cos'hai da darmi?».
Ah, quale gesto veramente regale fu quello
di stendere la tua palma
per chiedere l'elemosina a un povero!
Esitante e confuso,
trassi dalla mia bisaccia
un chicco di grano e te lo porsi.
E quale fu la mia sorpresa quando,
sul finire del giorno,
vuotai a terra il mio sacco
e trovai, nell'esiguo mucchietto di chicchi,
un granellino d'oro!
Piansi amaramente
per non aver avuto cuore
di darti tutto quello che possedevo.

Gitanjali, L

H come...

Himalaya

L'acqua del ghiacciaio,
tenuta immobile per anni e anni
sotto il firmamento
dalla meditazione dell'Himalaya,
si scioglie muta ai raggi del sole,
e porta in ogni dove
un canto di felicità.

Scintille

Himachal Pradesh

In una ridente regione dell'Himachal Pradesh, secoli fa, sorgeva un regno felice, giocondo e spensierato, governato da un re buono e saggio.
Nel cortile del palazzo reale si teneva ogni anno la fiera delle bambole: tutti i venditori avevano sempre riconosciuto la superiorità di un artigiano, che fabbricava da tempo immemorabile le bambole per le principesse reali.

Quando quest'artista ebbe ottant'anni, si presentò alla fiera un nuovo artigiano.

Era giovane, si chiamava Kamir, e costruiva bambole con un'arte del tutto inedita: sembrava, infatti, che le sue pupattole non fossero ultimate e che non si sarebbero potute ultimare mai.

I giovani dissero che aveva del coraggio, i vecchi che era superbo, ma i nuovi tempi portano gusti nuovi.

Le giovani principesse richiedevano le nuove bambole e nonostante la disapprovazione delle loro vecchie nutrici le desideravano sempre più ostinatamente.

Il laboratorio del vecchio artista era ormai quasi del tutto trascurato e, dopo un anno o due, tutti avevano persino dimenticato il suo nome.

Kamir, il giovane, era diventato il più famoso artigiano di bambole del regno.

L'anziano era avvilito e povero. La figlia lo invitò ad andare a vivere con lei. Anche il genero gli propose: «Venga da noi, le daremo tutto ciò di cui ha bisogno, non dovrà far altro che proteggere l'orto da mucche e uccelli».

La figlia del vecchio era una brava casalinga. Il genero modellava lampade di terracotta e andava ogni giorno al mercato in città con la barca piena della sua mercanzia.

Nello stesso modo in cui il vecchio non si era reso conto del mutare dei tempi, così non si era accorto che sua nipote Kamila aveva già sedici anni.

Il vecchio stava sempre seduto sotto un albero a guardia dell'orto e a volte sonnecchiava; un giorno la nipote lo abbracciò, e quando le chiese cosa desiderasse, lei disse: «Vorrei che mi costruissi una bambola».

«Cara, la mia bambola non ti piacerà».

«Chi può costruirne una meglio di te?».

«Kamir».

«Ma no, che può mai fare Kamir!».

Discussero a lungo su questo argomento...

Alla fine il vecchio si convinse; estrasse gli strumenti e i materiali da una borsa sbiadita e inforcò gli occhiali.

Poi disse alla nipote: «Se mi metto al lavoro, mia cara, i corvi mangeranno il granturco».

Ma Kamila rispose: «Non preoccuparti, caccerò via io i corvi».

Il tempo passava più in fretta nel fervore del lavoro, da lontano si sentiva il cigolio del pozzo dove un toro, girando, faceva salire l'acqua, la nipote scacciava i corvi e il vecchio costruiva la sua bambola.

Il vecchio artigiano non aveva fatto i conti con la figlia, che era una donna severa. Mentre era assorto nella costruzione del giocattolo, non s'avvide che alle spalle si avvicinava minacciosa facendo dondolare le braccia.

Quando gli fu vicina, lo apostrofò: «Invece di mungere le mucche passi il tempo con Kamila! Ormai è una donna di sedici anni, ti sembra che abbia ancora l'età per giocare con le bambole?».

Il vecchio rispose subito: «La bambola non è per i giochi di Kamila. Voglio venderla: quando la mia nipotina si sposerà, mi piacerebbe donarle una collana d'oro. Per questo voglio mettere da parte per tempo del denaro».

Irritata, la figlia lo schernì: «Forse qualcuno della casa reale comprerà mai una tua bambola?».

Due giorni dopo Kamila mostrò un pezzo d'oro alla madre e le disse: «Ecco quanto hanno dato per la mia bambola».

«Dove l'hai venduta?», chiese la madre.

«Al palazzo reale», rispose la ragazza.

Il vecchio era allegro ed esclamò: «Cara, ho fatto questo, anche se sono miope e mi tremano le mani».

Sua figlia era contenta e disse che sedici pezzi d'oro sarebbero bastati per la collana di Kamila.

Il vecchio la esortò a non preoccuparsi.

Kamila lo abbracciò: «Caro nonno, non darti pena per il marito» sussurrò.

Il vecchio si mise a ridere, ma gli salirono le lacrime agli occhi. Aveva ritrovato la sua giovinezza.

Ogni giorno si sedeva sotto l'albero e fabbricava bambole. Kamila gli stava vicina e scacciava i corvi. Da lontano giungeva sempre il cigolio del pozzo intorno a cui il povero toro faticava per far salire l'acqua.

A uno a uno tutti i sedici pezzi d'oro per la collana furono guadagnati.

La figlia disse: «Ora dobbiamo trovare un marito».

Kamila bisbigliò all'orecchio del nonno: «Nonno, sai che ho già trovato un fidanzato?».

Il nonno chiese: «Dimmi, dove l'hai trovato?».

Kamila rispose: «Quel giorno in cui andai al palazzo reale per vendere la prima bambola alle principesse, il portiere mi cacciò via dicendo che era un giocattolo fuori moda. Un giovane, vedendomi piangere, mi si avvicinò chiedendomi della bambola: mi disse che l'avrebbe un po' ritoccata, affinché potessi venderla».

Così è stato, se a te piacerà quel giovane vorrei mettergli la collana di fiori intorno al collo il giorno del mio matrimonio».

«Dov'è questo ragazzo?», chiese il nonno.

«È fuori, sotto l'albero di anacardi».

Quando il giovane entrò nella stanza, il vecchio esclamò stupito: «Oh! Ma è Kamir».

Kamir salutò il vecchio dicendo: «Sì, sì, sono proprio io».

Allora il nonno l'abbracciò, dicendogli: «Mio caro, un giorno hai rubato le bambole dalle mie mani e ora sei venuto a rubare anche la bambola del mio cuore?».

Kamila, abbracciando a sua volta il nonno, sussurrò: «Non solo ha rubato la bambola del tuo cuore, ma ha conquistato anche il mio».

Pietre magiche e altre storie

I come...

Impazienza

Non potete star fermi
e aspettare con pazienza?
L'inverno non è ancora finito!
A quale cenno vi siete alzati
per sbocciare sui lati della strada?
O pazze viole, o deliranti primule,
a chi correte incontro
tanto ansiose e impazienti?
Voi siete la prima schiera
sulla via della morte
e non v'importa se il tempo non è opportuno.
Il vostro impeto sparge
colori e profumi
di ramo in ramo nella foresta.
Piccoli fiori,
solleticando risa
avete voluto germogliare:
e ora numerosi cadete spezzati.

La primavera verrà in marzo
portata dall'alta marea
e dall'aria di mezzogiorno.
Non avete contato i giorni,
e prima del tempo avete suonato il flauto.
Come avete potuto arrivare prima di notte
alla fine del cammino?
In pianto e riso
spargeste sulla via i vostri doni preziosi.
O spensierati, o sconsiderati,
siete impazziti al suono,
ancora lontano, dei suoi passi.
Con la vostra morte,
sulla polvere della strada,
avete steso un soffice tappeto
all'Ospite che viene.
Non vi fermaste a guardarlo con i vostri occhi:
senza vederlo, senza sentirlo
caddero spezzati i vostri legami.

Uccelli migranti

Infinito

Dimmi se è vero, amore mio,
dimmi se è tutto vero.
Quando i miei occhi scagliano lampi
le nubi d'angoscia nel tuo petto
danno risposte tempestose.

È vero che le mie labbra son dolci
come il miele del primo amore?
Che le memorie dei giorni svaniti
di maggio scuotono ancora il mio corpo?
Che la terra, come un'arpa, vibra
al tocco dei miei piedi?
È poi vero che gocce di rugiada
cadono dagli occhi della notte
al mio apparire e la luce del giorno
è felice quando avvolge le mie membra?
È vero, è vero che il tuo amore viaggiò
per epoche e mondi in cerca di me?
Che quando finalmente mi trovasti
il tuo folle desiderio
trovò una pace perfetta
nel mio gentil parlare
nei miei occhi
nelle labbra
e nei miei capelli fluenti?
E dimmi, infine, se è proprio vero
che il mistero dell'infinito
è scritto sulla mia piccola fronte.
Dimmi, amor mio, se tutto questo è vero.

Raccolta votiva

Inscrutabile

Non mi accorsi dell'istante
in cui varcai per la prima volta
la soglia di questa vita.
Quale fu la potenza
che mi generò a questo vasto mistero?
È la stessa che fa sbocciare un fiore
in una foresta a mezzanotte?
Quando al mattino guardai la luce,
subito sentii che non ero
estraneo a questo mondo,
che l'Inscrutabile, senza nome e forma,
mi aveva preso tra le sue braccia
sotto l'aspetto di mia madre.
Così, nella morte,
lo stesso Sconosciuto m'apparirà
come l'avessi conosciuto da sempre.
E poiché amo questa vita
so che amerò anche la morte.
Il bimbo piange quando la madre
lo stacca da un seno,
ma subito si consola
succhiando dall'altro.

Gitanjali, XCV

Indugio

Su questa terra quelli che m'amano
cercano con tutti i mezzi
di tenermi legato a loro.
Il tuo amore è più grande del loro,
eppure Tu mi lasci libero.
Per timore ch'io li dimentichi
non osano lasciarmi solo.
I giorni passano,
uno dopo l'altro,
e Tu non ti fai mai vedere.
Non ti chiamo nelle mie preghiere,
non ti tengo nel mio cuore,
il tuo amore per me
attende solo il mio amore.

Gitanjali, XXXII

Idillio

Gettai la rete nel mare di buon mattino.
Trassi dall'abisso profondo perle
di strana forma e di rara bellezza,
alcune brillavano come un sorriso,
altre scintillavano come lacrime,
altre ancora erano rosate
come le guance d'una sposa.
Alla fine del giorno, quando
tornai a casa con il bottino,

il mio amore sedeva nel giardino
sfogliando languidamente un fiore.
Deposi esitante ai suoi piedi
le perle che avevo trovato.
Il mio amore gettò uno sguardo distratto,
poi disse: «Che strane pietre sono queste?
Non capisco a cosa possano servire».
Chinai il capo, vergognoso, pensando:
«Non ho lottato per conquistarle,
non le ho comprate da un mercante;
non son degne di lei».
E per tutta la notte le gettai,
a una a una, lungo il ciglio della strada.
Passarono alcuni mercanti
le raccolsero
e le portarono in paesi lontani.

Il giardiniere, III

Interiorità

Il pesce è muto nel mare,
la bestia è turbolenta sulla terra,
l'uccello canta nel vento.
Ma l'uomo ha dentro di sé
il silenzio del mare
lo strepito della terra
la musica del vento.

Il nostro universo

Innamoramento

Non ti chiesi nulla,
mi fermai al limite del bosco,
dietro un albero.
Gli occhi dell'alba erano languidi,
e la rugiada era ancora nell'aria.
Il profumo dell'erba bagnata indugiava
nella nebbia sottile
che sfiorava la terra.
Sotto un banano mungevi la mucca
con quelle tue mani
tenere come il burro.
Io me ne stavo immobile,
senza dire una parola.
L'uccellino cinguettò,
nascosto in un cespuglio.
L'albero di mango spargeva fiori
sulla strada del villaggio
e le api si avvicinavano a una a una.
Il cancello del tempio era aperto
e un devoto aveva iniziato
il suo canto di lode
ai bordi dello stagno.
Con il secchio sulle ginocchia
tu mungevi la mucca.
Io rimasi immobile
con il mio secchio vuoto.

Non ti venni vicino.
Il cielo si destò al suono
del gong
mentre gli zoccoli delle bestie
che andavano al pascolo
sollevavano gran polvere sulla strada.
Con le brocche piene
posate sull'anca,
le donne tornavano dal fiume.
I tuoi bracciali tintinnavano
e l'acqua traboccava dal secchio.
La mattina passò
e io non ti venni vicino.

Il giardiniere, XIII

Incontro

Quando di notte vado sola al mio incontro d'amore,
gli uccelli non cantano, il vento non soffia,
le case ai lati della strada sono silenziose.
Solo i miei bracciali risuonano a ogni passo,
e io sono piena di timore.

Quando aspetto al balcone
l'avvicinarsi dei suoi passi,
le foglie non stormiscono sui rami,
e l'acqua del fiume è immobile come una spada
sulle ginocchia d'una sentinella addormentata.

Il mio cuore batte selvaggiamente
e non so come quietarlo.

Quando il mio amore viene e si siede al mio fianco,
il mio corpo trema e le palpebre s'abbassano,
la sera si fa buia, il vento spegne la lampada,
e le nuvole stendono veli sopra le stelle.
È il gioiello sul mio petto che brilla e risplende.
E non so come nasconderlo.

Il giardiniere, IX

L come...

Luce

Luce, mia luce!
Luce, che inondi la terra,
luce, che sfiori gli occhi,
luce, che riscaldi i cuori!

Amore mio, la luce danza
al centro della mia vita
la luce intona la melodia
del mio amore.

Il cielo si spalanca
il vento soffia selvaggio
una risata scuote la terra.
Le farfalle dispiegano le loro ali
sul mare della luce.
Gigli e gelsomini sbocciano
sulla cresta delle sue onde.

Amore mio, la luce s'infrange
nell'oro delle nubi

e sparge gemme in gran copia.
Gioia e serenità si diffondono
di foglia in foglia senza limiti.
Il fiume del cielo
ha superato le sue sponde
e inonda di felicità la terra.

Gitanjali, LVII

Libertà

Le "grandi anime" vedono con grande semplicità la verità
come l'elemento base di tutta la vita. Esse non hanno predi-
cato vie nuove, leggi vane, opinioni strane. Sono venute per
dire parole autentiche; sono nate in questo mondo per chia-
mare padre il padre, fratello il fratello. Sono venute a dire con
grande forza questa parola tanto semplice: che è vana gloria
cercare di accumulare fuori di noi ciò che è già nel cuore.
Ci dicono di tenere l'anima vigile, di guardare avanti, cercan-
do di vedere sempre più chiaramente. Ci invitano a togliere
dal trono della verità le abitudini cieche.
Non professano idee strane: con lo sguardo dei loro occhi
luminosi portano dentro la nostra vita luce eterna, al cui
bagliore noi ci risvegliamo pieni di vergogna, accorgen-
doci di essere prigionieri di reti false, intrecciate di fragile
materialità.
Svegliandoci, che cosa vediamo? Vediamo l'uomo, vediamo
la nostra vera immagine. Ogni giorno noi ci dimentichiamo
della grandezza dell'uomo. Centinaia di ostacoli, creati da noi

stessi e dalla società, ci hanno fatto piccoli in ogni campo, tanto che non riusciamo più a vedere la nostra totalità. Coloro che non hanno fatto piccolo il loro dio e non hanno abdicato per adorazioni false, coloro che hanno gettato nella polvere i segni della schiavitù di costumi umani e con vera dignità hanno dichiarato di essere figli dell'eternità: questi, in mezzo agli uomini, hanno fatto grande l'uomo. Questo vuol dire essere veramente liberi. La libertà non è un paradiso, non è piacere. La libertà è espansione, è percezione dell'Onnipotente.

Santiniketan, conferenza 25 dicembre 1910

Lettera

Destandomi all'alba ho trovato la sua lettera.
Non so cosa dica,
leggere non so.
Lascerò il sapiente solo con i suoi libri,
senza disturbarlo:
chissà s'egli potrebbe leggervi dentro?

Io me la poserò sulla fronte,
e poi la premerò al mio petto.
Quando la notte placida s'inoltrerà
e una dopo l'altra sorgeranno le stelle,
la spiegherò sul grembo,
e rimarrò in silenzio.

Ad alta voce me la leggeranno
le foglie con il loro stormire,

me la intonerà
la corrente del fiume,
e le sette stelle veggenti
me la canteranno dal cielo.

Non riesco a trovare quel che cerco;
non posso comprendere
ciò che vorrei sapere,
ma questo messaggio non letto,
mi ha reso leggero
e ha mutato in cantici i miei pensieri.

Raccolta votiva

Liberazione

Abbandona riti, nenie e rosari!
Chi mai adori in questo tempio a porte chiuse?
Apri gli occhi e guarda! Il Divino non è lì.
Dio è dove il contadino ara la zolla
e l'operaio spacca la pietra.
Sta in loro compagnia, al sole e alla pioggia
e le sue vesti son coperte di polvere.
Butta via quel manto sacro
e scendi come lui sulla strada infangata!
Cerchi liberazione?
Dove si può trovare la salvezza?
Lo stesso Creatore ha legato a sé
i vincoli della creazione
e s'è unito a noi per sempre.

Esci dalle tue meditazioni
abbandona l'incenso e i tuoi fiori!
Che male c'è se le tue vesti
diventano lacere e sporche?
Va incontro a lui
e stagli accanto nel lavoro,
con il sudore della tua fronte.

Gitanjali, XI

Lacrime

Il viottolo, nella penombra della foresta, è coperto di arbusti ed erbacce. In quel luogo solitario sento all'improvviso una voce alle mie spalle: «Mi conosci?».

Mi volto e lo guardo: «Sì, ti conosco, ma il tuo nome... non lo ricordo».

«Sono il tuo primo dolore, quello di quando avevi venticinque anni».

I suoi occhi sono umidi e lucenti, come riflessi di luna nell'acqua. Resto stupito: «Una volta eri terribile, come una nuvola carica di pioggia. Ora hai l'aspetto pacato dell'autunno. Forse hai perduto le lacrime amare di quei giorni?».

Il dolore sorride mesto, in silenzio, poi mi rivela ogni cosa: «La nuvola del monsone ha imparato a sorridere come un fiore di loto d'autunno».

Gli chiedo: «Conservi ancora la mia giovinezza?».

Risponde: «Guarda la collana di fiori al mio collo».

La osservo e mi accorgo che nessun petalo è caduto, e dico: «Tutto è invecchiato in me, ma non la mia giovinezza che è ancora fiorita al tuo collo».

Il dolore si toglie lentamente la collana di fiori e me ne cinge il collo, ricordandomi: «Il giorno del tuo primo dolore dicesti che non volevi conforto, ma solo dolore».

Rispondo confuso: «È passato tanto tempo, da allora, e ho dimenticato tutta quella durezza, non so neppure dire quando».

«Io, che sono un dono di Dio, non l'ho dimenticato, e da allora mi sono nascosto. Prendimi, ora».

Prendo la sua mano nella mia e dico: «Anche il dolore può essere così bello?».

Mi risponde: «Quello che un tempo fu per te dolore, oggi si scioglie in dolci lacrime e pace».

Petali sulle ceneri

M come...

Memoria

La tua vita è giovane, il tuo sentiero lungo;
tu bevi in un sorso l'amore che ti portiamo,
poi ti volgi e corri via da noi.
Tu hai i tuoi giochi e i tuoi compagni.
Non vi è colpa se non ti resta tempo per pensare a noi.
Noi, invece, abbiamo tempo nella vecchiaia
di contare i giorni che son passati,
di rievocare quello che le nostre mani stanche
hanno dimenticato per sempre.
Il fiume corre rapido tra gli argini,
cantando una canzone.
Ma la montagna resta immobile,
ricorda e veglia con il suo amore.

Dono d'amore

Mistero

Il mistero della vita
penetra nel mistero della morte,
come il giorno chiassoso
entra muto la sera
nel silenzio delle stelle.

Scintille

Matrimonio

Era un matrimonio povero.
Lei filava alla porta della sua baracca, pensando al marito.
E tutti quelli che passavano restavano estasiati dalla bellezza dei suoi capelli neri, lunghi e lucenti.
Lui andava ogni giorno al mercato a vendere un po' di frutta e si sedeva sotto l'ombra di un albero ad aspettare i clienti. Stringeva tra i denti una pipa vuota, non aveva soldi per comprare neppure un pizzico di tabacco.
Si avvicinava il giorno del loro anniversario di matrimonio e lei non smetteva di chiedersi che cosa avrebbe potuto regalare al marito. E con quali soldi? Le venne un'idea. Mentre pensava, fu scossa da un brivido, ma dopo aver deciso, le si riempì il cuore di gioia: avrebbe venduto i suoi capelli per acquistare del tabacco a suo marito.
Già immaginava il suo uomo nella piazza, seduto davanti alla frutta, dando lunghe boccate alla sua pipa: aromi d'incenso avrebbero dato al padrone della piccola bancarella la solennità e il prestigio di un vero commerciante.

Vendendo i suoi capelli ottenne solo qualche moneta, scelse tuttavia con grande attenzione il tabacco più pregiato.

Alla sera, il marito tornò cantando. Teneva nelle mani un piccolo pacchetto, c'erano alcuni pettini per la sposa, li aveva acquistati dopo aver venduto la pipa.

Pietre magiche e altre storie

Musica

Il tuo canto è meraviglia, mio Signore!
Ti ascolto sempre
in silenzioso stupore.
La vivacità della tua musica
illumina il mondo.
La brezza della tua musica
vola di cielo in cielo.
L'onda sacra della tua musica
supera gli ostacoli pietrosi
e scorre impetuosa in avanti.
Il cuore anela di unirsi al tuo canto,
ma invano cerco una voce.
Vorrei parlare, ma le mie parole
non si effondono in canti,
così grido impotente.
Hai fatto prigioniero il mio cuore
nelle infinite reti della tua musica.

Gitanjali, III

Mamma

Desidero andare
all'altra sponda del fiume, sotto i grovigli di bambù,
dove le barche son legate una accanto all'altra.
I contadini attraversano con l'aratro sulle spalle
e i pescatori gettano le reti,
i pastori a nuoto passano con i loro armenti.
A sera di là tutti
tornano a casa.
A notte alta
solo gli sciacalli ululano sotto le erbacce della riva.

Mamma, se vuoi
da grande farò il barcaiolo del traghetto.
Ho sentito che oltre
la riva c'è uno stagno
e dopo le piogge
volano a grandi stormi
uccelli acquatici.
Sulle rive crescono
folti canneti,
casa di tanti gioielli.
Dopo tanti zig-zag
impronte di piedi nel fango.
Da molti giorni, mamma,
a sera, da un angolo del soffitto
ho contemplato il chiar di luna
nella foresta d'erbe bianche.

Mamma, se vuoi
da grande farò il barcaiolo del traghetto.
Andrò da questa all'altra riva spingendo la barca.
Tutti i bambini al bagno sulle rive del fiume
mi vedranno meravigliati. Quando il sole s'alzerà alto,
a mezzogiorno,
verrò a te di corsa:
«Mamma, ho tanta fame, dammi da mangiare!».
Quando si farà buio
a sera ritornerò ancora
dentro la tua casa.
Non andrò, come papà,
a lavorare lontano.

Mamma, se vuoi
da grande farò il barcaiolo del traghetto.

Luna crescente

N come...

Notte

Coloro che, pieni di preoccupazioni,
si sono fermati all'albergo
al principio della strada in salita
senza proseguire in cerca dell'acqua viva,
coloro che non son stati svegli e pronti,
poveri stolti, illusi,
non si sono accorti
della schiera dei pellegrini che passavano
e se ne andavano lontano
suonando il corno della vittoria.
Poveri stolti, illusi,
si sono limitati a giocare con i tuoi giocattoli.
Con una condotta ambigua hanno reso
il loro lavoro inutile.
Con una scrittura puritana
hanno ammazzato l'intelligenza.
Hanno soffocato il grande mondo
che batteva nel loro petto
chiudendo porte e finestre.

Poveri stolti, illusi,
oggi piangono.
È venuta la notte!
Dov'è il pellegrino,
dov'è la via,
dov'è la meta?

Offerta, LII

Novità

Credevo che il mio viaggio
fosse giunto alla fine,
ero allo stremo delle forze.
Credevo che la strada
davanti a me
fosse terminata
e le energie esaurite.
Credevo fosse giunto il tempo
di ritirarmi
nell'oblio e nel silenzio.
Mi accorsi invece
che i tuoi progetti su di me
non erano finiti
e quando le parole
ormai vecchie e stanche
morivano sulle mie labbra
nuove melodie nacquero dal cuore;

e dove avevo perduto le tracce
dei vecchi sentieri
un nuovo territorio mi si aprì
con tutte le sue meraviglie.

Gitanjali, XXXVII

Nome di Dio

Il nome di Dio
è dipinto sulle corolle dei fiori,
scintilla sulla spuma delle onde,
è innalzato in vetta alle colline.

Il nome di Dio
è impresso nel sorriso di un bambino,
nel bel volto di un giovane,
nella tenerezza di un vecchio.

Il nome di Dio
è custodito nel profondo del mio cuore!

La primavera di Herald

Neonato

Se solo il bambino lo volesse
potrebbe volare in paradiso all'istante.
Ma non è per nulla che non ci abbandona.
Ama posare la testa in grembo alla madre
e non potrebbe sopportare di perdere la vista di lei.

Il bambino conosce ogni sorta di sagge parole
e sulla terra pochi ne comprendono il senso.
Ma non è per nulla che non vuole mai parlare.
La sola cosa che vuole
è imparare le parole dalle labbra della madre.
È per questo che appare così innocente.
Possiede oro e perle in grande quantità
eppure è venuto sulla terra come un mendicante.
Ma non è per nulla che si è camuffato così.
Questo caro piccolo nudo mendicante
finge di essere completamente indifeso,
così potrà mendicare la ricchezza dell'amor materno.
Il bambino era libero da ogni vincolo
nella terra della minuscola luna crescente.
Ma non è per nulla che rinunciò alla sua libertà.
Sa che c'è posto per una gioia senza fine
nel piccolo angolo del cuore materno,
ed è di gran lunga più dolce
essere stretto fra le braccia di lei.
Il bambino non conosceva il pianto,
abitava nella terra della perfetta beatitudine.
Ma non è per nulla che ha scelto di versare lacrime.
Come il sorriso del suo caro volto
attrae l'ardente cuore della madre
così le sue tenere lacrime per piccoli dispiaceri
intrecciano il duplice legame della pietà e dell'amore.

Luna crescente

Nostalgia

Quella nostalgia
di giochi amorosi,
caro amore,
non è solo mia,
ma anche tua.
La tua bocca sorride,
il tuo zufolo canta,
accende l'ardore.
Il tuo desiderio non ha pazienza,
ha tanto vigore quanto il mio.

Petali sulle ceneri

Nascita (della verità e di Gesù)

La nascita di Colui che noi riconosciamo come uomo perfetto, non è un evento esclusivamente storico, ma spirituale. La luce dell'aurora che appare al mattino non è quella di quel giorno, ma dell'aurora eterna. Di risveglio in risveglio, essa manifesta la luce senza principio e senza fine.

Gli astronomi sanno che la luce delle stelle, che arriva oggi ai nostri occhi, ha cominciato il suo viaggio tanto tempo prima. Così la vita di Colui che annuncia la verità non comincia il giorno in cui noi l'abbiamo vista: l'urgenza della verità era già dentro l'eternità. Noi la vediamo in un dato momento, ma sappiamo che non è limitata ad alcun tempo.

Fare una cerimonia religiosa particolare, in un giorno fissato per onorare i grandi uomini, è uno sdebitarci a poco prezzo. Non ricordandoci di loro per trecentosessantaquattro giorni e onorandoli solo il trecentosessantacinquesimo, noi facciamo piacere solo alla nostra materialità. La realizzazione della verità non sta nel riconoscere i nostri doveri: qui è facile sbagliarsi. Se cerchiamo di adempiere alla nostra responsabilità ripetendo parole vane, rendiamo solo più difficile il cammino alla verità. Non vivendola nella nostra vita, pensiamo di salvarci presentando puerili offerte di lode. Abbiamo ingabbiato dentro la ripetizione di rituali esteriori proprio coloro che sono venuti a liberarci dalle esteriorità.

Mi sento pieno di vergogna al pensiero di essere chiamato un giorno solo a compiere il rito celebrativo. È una mancanza di serietà molto grande ripagare con parole Colui al quale dobbiamo legarci con la vita.

Parlerò della sua nascita legandola solo a una precisa data del calendario?

Si può forse calcolare nel conto dei tempi quel giorno interiore che non può essere percepito dal tempo? Il Figlio di Dio è nato nella nostra vita il giorno in cui abbiamo compiuto una rinuncia in nome della verità, il giorno in cui abbiamo chiamato fratello un altro uomo con autentico amore. Questo è il Natale, in qualsiasi momento avvenga!

Il giorno della nascita di Gesù può arrivare nella nostra vita in qualsiasi momento, così come il giorno della sua crocifissione arriva un giorno dopo l'altro.

In questo giorno particolare, in tutti i Paesi, in tutte le chiese si elevano inni di lode a Colui che ha parlato a tutti gli uomini del Padre supremo. E, fuori da quelle stesse chiese, la terra è bagnata dal sangue per l'uccisione dei fratelli.

Coloro che oggi gli elevano inni di lode nel tempio, lo rinnegano col tuono del cannone, lo deridono nella sua parola facendo piovere dal cielo la morte.

C'è un'avidità crudele: è tolto con violenza il cibo ai poveri. Coloro che non hanno il coraggio di affrontare le percosse opponendosi alla violenza nel nome di Cristo, ritti davanti all'altare, inneggiano con parole formali alla vittoria del Misericordioso trafitto dalla lancia.

Allora, perché questo è un giorno di festa? Come posso sapere che Cristo è nato in terra? Di che cosa posso gioire? Come posso proclamare solo a parole la nuova nascita di quello stesso Gesù che da un'altra parte percuoto con le mie stesse mani? Anche oggi nella storia umana Egli è crocifisso ogni momento.

Egli ha chiamato l'uomo figlio del Padre supremo. Ha detto al fratello di unirsi al fratello; ha fatto umile offerta della verità umana sull'altare. Ci ha esortato con parole eterne all'unità. Eppure, secolo dopo secolo noi abbiamo rigettato il suo invito. Abbiamo fatto di tutto per opporci alla sua parola.

Nelle formule dei Veda è scritto che Dio è Padre; per questo c'è la preghiera: «Si risvegli in noi la coscienza che Egli è Padre!».

Colui che è venuto a darci la consapevolezza di questa paternità, frustrato e deriso è arrivato alla nostra porta. Non releghiamo la sua parola solo nel canto e nelle lodi. Oggi è giorno per pentirsi, non per godere. Oggi la vergogna per quello che l'uomo compie pervade tutto il mondo. Abbassiamo nella polvere il nostro sguardo altezzoso e dagli occhi scendano lacrime.

Il Natale è un giorno di riflessione, un giorno per farci tutti più umili.

Santiniketan, conferenza 25 dicembre 1932

O come...

Oblio

L'orgoglio del potere e l'avarizia
hanno invaso il mondo in forma epidemica.
Da una nazione all'altra il loro tocco corruttore
devasta tutti i villaggi in pace.
La semplicità serena luce dell'intelligenza,
irrorata dagli affetti,
freschezza nella contemplazione
era negli eremi contemplativi dell'India.
L'animo, senza il peso delle cose,
inondava di felicità pura
tutte le acque e tutte le terre.
Una contemplazione facile
scendeva come sorella in tutte le cose create.
Oggi tutto è dimenticato:
dove c'era lo spirito
vennero masse di materia;
dove c'era pienezza nel poco
venne vanità;

dove c'era pace
venne lotta d'interesse.

Offerta, XCII

Offerta

Da giovane somigliavo a un fiore,
a un fiore che nel suo rigoglio
poteva perdere senza pena uno o due petali,
quando la brezza primaverile
bussava alla sua porta
e chiedeva un'offerta.
Ora, al tramonto della mia vita,
somiglio a un frutto,
che non ha nulla da prodigare,
perché vuole offrirsi tutto intero,
cosi com'è,
ricolmo della sua dolcezza.

Raccolta votiva

Oriente e Occidente

Dopo aver attraversato il bosco e superato il prato, il sentiero
giunge sino alla riva del fiume, per interrompersi vicino a un
albero di acacia, che getta la sua ombra su una vecchia bar-
ca abbandonata. Al di là del fiume, il viottolo riprende il suo
cammino tortuoso verso un villaggio, costeggiando campi di
lino, passando accanto a uno stagno ornato di fiori di loto, e

poi incrociando la strada principale, su cui si snoda la processione dei fedeli che segue il carro sacro della divinità verso un tempio sconosciuto.

Ho incontrato molte persone lungo questo sentiero! Alcune mi hanno accompagnato, altre mi hanno preceduto e indicato la direzione, altre le ho vedute solo da lontano; alcune le osservavo come da dietro un velo, altre distintamente; molte vagavano in cerca di acqua per riempire le loro brocche.

Un buio profondo mi colse al calar della sera. Un tempo pensavo che questo sentiero fosse a mia disposizione per sempre, solo ora m'accorgo che mi sarà concesso percorrerlo una sola volta.

Dopo aver attraversato il giardino dei limoni e lo stagno, dopo aver superato la vecchia barca e la capanna del venditore di latte, e dopo aver oltrepassato il silos del grano, non posso più tornare indietro, non posso illudermi di far ritorno in quella casa dove pensieri, parole e volti mi sono familiari.

Il sentiero mi porta sempre avanti e tornare sui propri passi è impossibile: quando oggi alla fine del giorno mi sono voltato per guardare il tratto che avevo percorso, mi è parso segnato da impronte confuse nella polvere e pervaso dell'eco nostalgica dei viandanti-musicisti, che da sempre fanno risuonare i loro canti.

Quell'intrico di tracce, da Oriente e da Occidente, procede verso l'infinito, sia nell'una sia nell'altra direzione.

Curvo sulla polvere del sentiero per ascoltare le infinite storie imprigionate in quella terra battuta dal tempo, non sento nulla: il sentiero rimane silenzioso nelle ombre della sera.

E anche se chiedo dove sono mai finiti i tormenti e i desideri dei viandanti che passarono di lì, il sentiero se ne sta muto: lo vedo solo serpeggiare da Oriente a Occidente.

E se domando dove si diressero i passi degli sconosciuti che lo percorsero, il sentiero non mi risponde: forse non conosce neppure la sua fine, e non sa dove si sono persi i fiori che caddero, i canti che morirono né dove, al di là delle strade, si celebra la festa perenne del dolore.

Pietre magiche e altre storie

P come...

Presenza

Ogni giorno,
o Signore della vita,
starò alla tua Presenza.
A mani giunte,
o Dio della terra,
starò alla tua Presenza.
Sotto il tuo cielo senza rive,
in silenzio nascosto,
con il cuore umile,
con le lacrime agli occhi,
starò davanti a te.
In questo modo svariato,
in riva al mare del lavoro,
in mezzo agli uomini della terra,
starò alla tua Presenza.
Quando in questo mondo
finirò il mio lavoro,
o Re dei Re,

solo, in silenzio,
starò alla tua Presenza.

Reliquie del pensiero

Provvidenza

O Grande Re, non ho perduto la speranza
nella tua divina Provvidenza:
ho con me tanta viltà,
tante vergogne, eppure
non ho perduto la speranza.
Nessuno sa come
la tua provvida mano
tesse una rete segreta
nascosta agli occhi di tutti.
Al tempo da te fissato,
improvvisamente, chi sa dove,
arriva l'impossibile,
manifestandosi
nella sua stessa luce,
sempre aspettato,
sempre in vesti di possibile!
Tu sei il testimone interiore.
In questo timido paese,
all'insaputa di tutti,
di cuore in cuore,
di casa in casa,
la tua virtù misteriosa

vigila e lavora
notte e giorno.
O Gran Re, non ho perduto la speranza!

Offerta, LXII

Prossimo

Il cristianesimo ha onorato l'uomo immensamente, perché Colui che i cristiani venerano come il Figlio di Dio si è legato alla condizione umana facendosi egli stesso uomo. Per questo abbiamo potuto osservare che coloro che sono cristiani autentici hanno diffuso in ogni dove l'amore per il prossimo. Se anche in talune circostanze pensiamo che nella loro dottrina ci sia qualche difetto, tuttavia non possiamo negare che questa religione abbia saputo mettere al centro della propria dottrina la dedizione ai propri simili, il servizio ai fratelli. E questo è il più alto riconoscimento per una religione.
Ho trovato davvero un'umanità meravigliosa nelle terre dove prospera questa fede religiosa, sia nelle opere letterarie sia nel comportamento della gente. In quei luoghi non c'è più povertà, ma una civiltà magnifica che ha saputo ergersi al di sopra di interessi e contrasti personali.

Santiniketan, conferenza 24 gennaio 1941

Povertà

L'uomo, cercando di distrarre il Padre con le offerte e i riti liturgici, lo disonora doppiamente, facendolo soffrire nel Figlio.

Ho visto una donna mettere ai piedi del sacerdote del tempio monete sonanti credendo di aver pagato il pedaggio per andare in paradiso.

Il suo sguardo non si è posato sull'uomo nel quale Dio, fattosi povero, aspettava quelle monete d'oro.

Santiniketan, conferenza 25 dicembre 1927

Pazienza

Se tu non parli
riempirò il mio cuore del tuo silenzio,
e lo sopporterò.

Resterò qui fermo ad aspettare
come la notte nella sua veglia stellata
con il capo chino a terra,
paziente.

Arriverà il mattino,
le ombre svaniranno,
e la tua voce
in rivoli dorati inonderà il cielo.

Allora nel canto
le tue parole prenderanno ali
da tutti i miei nidi di uccelli,
e le tue melodie
spunteranno come fiori
su tutti gli alberi della mia foresta.

Gitanjali, XIX

Poesia d'amore

Il giorno del suo compleanno
offrì a una vecchia
una poesia d'amore,
colorata e scintillante come un aquilone.
Sulle righe dei versi
la mente della giovincella anziana
si fermerà stupita,
e comincerà a sognare.

Scintille

Pietra filosofale

Un vagabondo pazzo andava in giro, cercando
la pietra filosofale; coi capelli arruffati,
abbronzato e coperto di polvere, il corpo
ridotto a un'ombra, le labbra serrate
come le porte chiuse del suo cuore, gli occhi
scintillanti come la luce di una lucciola,
in cerca del compagno.
Davanti a lui rumoreggiava l'immenso oceano.
Le onde ciarliere parlavano instancabili di tesori
nascosti, burlandosi dell'ignoranza,
che non conosce il loro segreto.
Forse a lui non restava più nessuna speranza,
ma non voleva riposarsi, perché la ricerca
era diventata lo scopo della sua vita.

Proprio come l'oceano che alza le braccia al cielo,
per raggiungere l'impossibile.
Proprio come le stelle, che girano in cerchio,
cercando una meta inafferrabile.
Proprio così, sulla spiaggia solitaria, il pazzo,
dagli scuri capelli impolverati, vagava
in cerca della pietra filosofale.
Un giorno un ragazzo di un villaggio gli si accostò
e chiese: «Dimmi, dove hai trovato questa catena
d'oro, che porti intorno alla vita?».
Il pazzo trasalì, la catena che una volta
era di ferro era diventata proprio d'oro.
Non sognava,
ma non sapeva quando era avvenuto il cambiamento.
Si colpì con violenza la fronte: dove, oh dove,
senza saperlo, aveva raggiunto la meta?
Aveva fatto l'abitudine a raccogliere pietre
e a toccare con esse la catena, ma le gettava
senza osservare se avveniva il cambiamento;
così il pazzo aveva trovato e perso la pietra filosofale.
Il sole tramontava a Occidente, il cielo
era dorato.
Il pazzo ritornò sui suoi passi per cercare
di nuovo il tesoro perduto, ma era ormai privo di forze,
il corpo ricurvo, il cuore nella polvere,
come un albero sradicato.

Il giardiniere, LXVI

Perdono

Io ti amo, amore mio,
perdona il mio amore.
Sono presa come un uccello,
smarrito lungo la via.
Quando il mio cuore fu scosso
perse il suo velo
e rimase nudo.
Coprilo con la tua pietà, amore mio,
e perdona il mio amore.

Se non puoi amarmi, amore mio,
perdona il mio dolore.
Non guardarmi sdegnato, da lontano.
Tornerò nel mio cantuccio
e siederò al buio.
Con entrambe le mani coprirò
la mia nuda vergogna.
Volgi il tuo sguardo a me, amore mio,
e perdona il mio dolore.

Se mi ami, amor mio,
perdona la mia gioia.
Quando il mio cuore è trascinato
dal vortice della felicità,
non ridere della mia tenerezza.
Quando siedo sul mio trono

e ti tiranneggio con il mio amore,
o quando come a una dea
ti concedo la mia grazia,
sopporta il mio orgoglio, amore mio,
e perdona la mia felicità.

Il giardiniere, XXXIII

Protezione

Molto tempo fa, viveva un pastore che si chiamava Dehal, che possedeva duecento capre.

Ogni giorno le conduceva al pascolo fuori città.

Una sera, dopo aver pascolato tutto il giorno, le ricondusse come sempre all'ovile, ma il gregge era numeroso, e una capra rimase indietro.

Le si avvicinò un elefante: «Chi sei?», le chiese.

«Sono la zia della tigre! – rispose la capra – Fammi arrivare in città!».

L'elefante, ritenendola per davvero la zia della tigre, la afferrò delicatamente con la proboscide, e se la issò sulla testa.

Arrivato alle porte della città, la depose a terra, e ritornò sui suoi passi.

Dehal, intanto, si era accorto che mancava una delle capre, e stava correndo proprio verso la porta della città, quando se la vide venire incontro.

«Dove sei stata?», le domandò ansimando.

«Mi ero smarrita – raccontò la capra – ho incontrato un elefante e stavo già pensando "Questo elefante mi ucciderà!", quando mi ha chiesto chi fossi. Io gli ho risposto: "Sono la zia della tigre!". E ho aggiunto: "Portami a casa, in città". L'elefante allora mi ha fatto salire sulla sua testa e mi ha trasportata fin qui, dove ti ho incontrato».

Un saggio che passava di lì disse allora a voce alta: «Mai cercare protezione presso un piccolo, ma presso un grande».

Mashi e altri racconti

Q come...

Quotidiano

Signore,
non togliermi i pericoli,
ma aiutami ad affrontarli.
Non sedare le mie pene,
ma aiutami ad attraversarle.
Non darmi corazze per lottare nel quotidiano,
ma la Forza che proviene da Te.
Non concedermi scappatoie nella paura,
ma pazienza per conquistare la mia libertà.
Concedimi di non essere un vile
usurpando la tua grazia nel successo;
non mi manchi la tua mano sulla testa
nel giorno della mia caduta.
Quando mi fermo stanco
lungo la strada della vita
e la fatica mi opprime sotto il sole,
quando mi punge la nostalgia di sera
e lo spettro della notte si avvicina,
bramo la tua voce, Signore,

bramo la tua tenerezza.
Fatico a camminare per il peso del cuore,
carico di rimpianti e occasioni sprecate.
Tienimi la mano nella notte,
voglio stringerla e accarezzarla,
i palpiti del tuo cuore
accompagnino i passi del mio andare.

Petali sulle ceneri

Quiete

Ho passato ore rumorose su strade ingombre,
ma il giorno diventa scuro ed ecco che arriva la sera.
Un'improvvisa brama di quiete
prende la mia anima,
e ricordo di non avere ancora attraversato
la porta del tuo tempio, Signore!
Ti scongiuro, sii indulgente con la mia dimenticanza.
Quando gli ultimi uccelli
avranno raggiunto i loro nidi notturni
e regnerà il silenzio, chiamami.
Verrò a cercare pace al tuo santuario, dove,
per distinguere la tua immagine,
bisognerà che sollevi la fiamma della mia lampada,
e per accordare al tuo respiro il mio,
avrò bisogno
di un cammino quieto.

Petali sulle ceneri

Quadro

Aviram dipingeva quadri che raffiguravano gli dèi. In tutto il regno era conosciuto come un grande artista che non chiedeva nulla per i suoi lavori.

A volte Aviram pensava: «Sono povero, io che un tempo vissi nell'agiatezza, ma non m'importa. Giorno e notte penso sempre al mio Dio, ho quanto mi basta per vivere e in molte case, con i miei dipinti, porto la Presenza dell'Altissimo. Trasformo l'abitazione più umile in un piccolo tempio. È un privilegio di cui nessuno può privarmi».

Un giorno morì il ministro generale del regno. Il re invitò a corte uno straniero, e lo nominò suo nuovo ministro. Tutta la città quel giorno fece festa, tranne Aviram che non riusciva a toccare il pennello.

Chi era il nuovo ministro?

Il padre di Aviram, un giorno, aveva raccolto un bimbo lungo la strada e lo aveva educato come fosse suo figlio. La fiducia che aveva riposto in lui, ancor più che nel suo primogenito, era divenuta motivo di rivalità, lo strumento con cui il fratello adottivo era stato capace di spogliarlo di tutto. E ora proprio lui era stato scelto per l'alta carica di ministro.

L'atelier di pittura era per Aviram anche umile abitazione e luogo di preghiera. Quel giorno entrò nella stanza e giungendo le mani pregò: «Signore, ti ho forse pregato ogni giorno raffigurandoti con linee e colori per giungere a questo? Un simile insulto è forse la tua ricompensa?».

Poi giunse la festa santa di Vishnu. Quel giorno una gran folla andò da lui per acquistare i suoi dipinti sacri. Venne anche un ragazzo, attorniato da molti servi. Scelse un quadro e disse: «Vorrei acquistare questo».

Aviram chiese a uno dei servi: «Chi è questo giovane?».

Il servo rispose: «È l'unico figlio del nuovo ministro di corte».

Aviram coprì allora il quadro con una tela e disse: «Non lo vendo».

La sua risposta rese il ragazzo insistente, ma non ci fu nulla da fare.

Quella sera Aviram non mangiò nulla e si addormentò triste e scosso, ma anche il figlio del ministro non volle cenare e dormì un sonno agitato, desiderava quel quadro a ogni costo.

Il ministro allora, per accontentare il figlio, inviò al pittore una gran quantità di monete d'oro, ma la sua offerta fu respinta.

«Quanta superbia!», pensò il ministro, che non capiva il motivo di quella riluttanza.

Quanto più le richieste per quel quadro si facevano pressanti, tanto più Aviram gioiva: «Ecco la mia vendetta».

Di mattina, appena alzato, Aviram cominciava subito a dipingere. Era quella la sua preghiera e altre non ne conosceva.

Un giorno però si accorse che non era più in grado di farlo come un tempo. Si sentiva diverso: non riusciva a concentrarsi, avvertiva nel cuore come un tormento, il dolore di una ferita riaperta.

Ogni giorno quel turbamento, all'inizio impercettibile, diventava sempre più acuto e penoso.

E si accorse che col trascorrere dei giorni il volto di Dio nei suoi quadri somigliava sempre più a quello del ministro.

Finalmente comprese l'origine di quel rancore che gli aveva tolto pace e serenità, tremò e disse a se stesso: «Ho capito».

Buttò via il pennello e quello stesso giorno andò dal ministro, portandogli il quadro che suo figlio aveva tanto desiderato.

Il ministro ne chiese il prezzo, ma Aviram rispose: «Questo quadro mi ha distolto dal mio Dio, e potrò ritrovarlo solo regalandovelo!».

Il ministro naturalmente non fu in grado di capire.

Pietre magiche e altre storie

R come...

Rugiada

Lungo molti anni,
a grande prezzo,
viaggiando attraverso molti paesi,
andai a vedere alte montagne
andai a vedere oceani.
Eppure non fui capace di vedere
sul gradino della mia porta
la goccia di rugiada scintillante
sulla spiga di grano.

Liriche di Puravi

Radiosità

Eccomi davanti a te, Signore!
Appoggia le tue mani sul mio capo
prima ch'io mi tuffi nel giorno.
Tieni i tuoi occhi su di me!
Mi accompagni la certezza
della tua preziosa amicizia.

La tua musica calmi i miei pensieri
nel ritmo frettoloso della giornata.
Il sole del tuo amore,
anche nei giorni di bufera,
illumini la mia mente
e renda radiosa la mia vita
come biondo frumento.

Petali sulle ceneri

Redenzione

Buddha, quando ha offerto all'uomo la sua amicizia incommensurabile, non ha predicato solo la Parola sacra, ma ha risvegliato nel cuore dell'uomo l'amore. E nell'amore c'è veramente la redenzione. Coloro che realmente hanno Cristo, non si sono solo preoccupati di domare i vizi, ma hanno compiuto cose impossibili: sono andati lontano, hanno varcato mari e monti per proclamare ovunque l'amore per l'uomo.

Così i grandi uomini accendono la lampada della vita: non discutono, non esprimono opinioni; si donano a noi come uomini.

L'invito di Cristo ha acceso nella società umana tante piccole e grandi luci. Esse hanno riversato sugli uomini un amore immenso per alleviare le pene degli oppressi e degli abbandonati. Oggi la terra è avvolta nelle colpe di fatti mostruosi e questa larga e densa caligine ci impedisce di vedere coloro che sono una miniera di virtù per la società umana. Ma essi esistono davvero, altrimenti il mondo sarebbe maledetto, tutte le bellezze si spegnerebbero, tutta l'umanità sarebbe coperta dall'oscurità.

Santiniketan, conferenza 25 dicembre 1936

Riconoscenza

Ogni giorno, dolcemente,
canterò i tuoi versi:
Tu dammi le parole,
dammi la giusta tonalità.

Se Tu resterai nella mia mente aperta,
troverò un loto fiorito;
se Tu riempirai la vita
del tuo amore,
ogni giorno, dolcemente,
canterò i tuoi versi.

Se Tu ascolterai i miei canti
tutto davanti a me sarà luminoso.

Se i tuoi occhi benigni
daranno ambrosia,
se Tu porrai la tua mano delicata
sopra le mie pene,
se Tu allontanerai dalle gioie
tutti gli orgogli:
ogni giorno, dolcemente,
canterò i tuoi versi.

Offerta, XIX

Ricchezza

Sanatan stava sgranando il suo rosario sulle rive del Gange, quando un bramino cencioso venne da lui e gli disse: «Aiutami, ché sono povero».

«Mi resta solo la ciotola delle elemosine – rispose Sanatan – perché quanto avevo l'ho già dato via».

«Ma il nostro Signore Shiva mi è apparso in sogno – aggiunse il bramino – e mi ha consigliato di venirti a trovare».

Sanatan si ricordò all'improvviso di aver raccolto una pietra preziosa tra i ciottoli della riva; l'aveva nascosta nella sabbia, pensando che potesse essere utile a qualcuno. Col dito indicò il posto al bramino che, stupito, dissotterrò la pietra.

Il bramino, allora, sedette per terra e si mise a meditare, solitario, fino al momento che il sole scomparve dietro agli alberi, quando i pastori riconducono i greggi all'ovile.

Allora, alzandosi, si diresse lentamente verso Sanatan e gli disse: «Maestro, dammi la più piccola parte di quella ricchezza che sdegna tutte le ricchezze del mondo».

E, così dicendo, gettò nel fiume la pietra inestimabile.

Pietre magiche e altre storie

Ricompensa

Molto tempo fa vivevano, in due case vicine, due sorelle: una più grande e una più piccola, che a loro volta avevano ciascuna una figlia femmina.

Un giorno la sorella minore cominciò a filare del cotone.

La figlia si avvicinò, prese il gomitolo, ma un forte colpo di vento glielo strappò di mano. Allora la madre le disse: «Non mi importa dove andrà il gomitolo: devi riportarmelo qui!».
La ragazza si mise subito a inseguire il filo.
Fu così che arrivò a un campo coltivato da un contadino che camminava zoppicando.
L'uomo, vedendo la ragazza, le disse: «Non ti fermeresti a bagnarmi il campo? Una volta finito, potrai proseguire per la tua corsa». La ragazza acconsentì e, prima di ripartire, disse: «Il campo è stato bagnato!».
Riprese la sua corsa, e così arrivò in un luogo dove c'era un cane legato con una corda.
«Sorella, ti prego – le disse il cane – legami in un posto all'ombra. Poi prosegui pure per la tua strada». La ragazza legò il cane all'ombra e, prima di ripartire, disse: «La corda è stata legata!».
Riprese la sua corsa, mentre il gomitolo di cotone continuava a rotolare e a rotolare: finché cadde in un canneto, e si fermò.
Proprio in quel momento passava di lì un re.
Il re notò la ragazza, e capì che stava cercando di recuperare un gomitolo finito tra le canne: «Lascia stare – disse – ti prenderò io il gomitolo e te lo porterò. Tu, intanto, va' alla mia reggia e preparami il pranzo». Così la ragazza si recò alla reggia dove si mise a cucinare del riso. Il re raccolse il gomitolo e, una volta a palazzo, lo consegnò alla ragazza.
Poi, dopo aver mangiato insieme il riso, il re disse: «Vedi tutte queste scatole? Prendine una, quella che preferisci».
La ragazza, dopo averle osservate attentamente una per una, decise di prendere la più piccola, fatta di legno di sandalo.

«Ora puoi andartene! – disse il re – Potrai aprire la scatola solo davanti a tuo padre e a tua madre!».

Così la ragazza salutò il re e, ritornata a casa, chiamò sua madre, suo padre, e tutti i suoi parenti.

Quando furono tutti riuniti aprì la scatola.

E quando, dopo averla aperta, vi guardò dentro scoprì con grande meraviglia che era colma di pietre preziose e perle lucenti.

Erano presenti anche la sorella maggiore e sua figlia che non solo videro con i propri occhi il contenuto della scatola, ma vennero anche a sapere in che modo la ragazza aveva ottenuto quell'immensa fortuna.

Così, il giorno successivo, spinte dal desiderio di ottenere la stessa ricchezza, la madre e la figlia si misero a filare del cotone.

Quando, all'improvviso, un forte colpo di vento strappò il gomitolo dalle mani della ragazza.

Allora la madre gridò: «Non mi importa dove andrà il gomitolo: devi riportarmelo qui!».

La ragazza si mise subito a inseguire il gomitolo e arrivò dal contadino che zoppicava: «Non ti fermeresti a bagnarmi queste povere piante?», le chiese.

La ragazza si rifiutò continuando a correre dietro al gomitolo, finché arrivò nel luogo dove c'era il cane legato.

«Sorella, ti prego – le disse il cane – legami in un posto all'ombra».

La ragazza rifiutò, senza nemmeno interrompere la corsa, mentre il gomitolo di cotone continuava a rotolare e a rotolare: finché cadde in un canneto, e si fermò.

In quel momento passò di lì il re, che le disse: «Lascia stare, ti prenderò io il gomitolo e te lo porterò. Ma tu, intanto, vai alla mia reggia e preparami il pranzo». Così la ragazza si recò alla reggia dove si mise a cucinare del riso. Il re raccolse il gomitolo e, una volta a palazzo, lo consegnò alla ragazza.

Poi si misero a mangiare insieme il riso, ma al primo boccone scoprirono che sapeva troppo d'acqua e furono costretti a lasciarlo lì.

Il re allora le disse: «Vedi tutte queste scatole? Prendine una, quella che preferisci».

La ragazza, dopo averle osservate attentamente una per una, prese la più grande: un grosso baule.

«Ora puoi andartene – disse il re – ma potrai aprire il baule solo davanti a tuo padre e a tua madre».

Il baule era molto pensante e la fanciulla lo trascinò penosamente per tutto il tragitto di ritorno.

Ritornata a casa, chiamò sua madre, suo padre, e tutti i suoi parenti. Quando furono tutti riuniti aprì il baule.

E subito ne guizzarono fuori serpenti.

Pietre magiche e altre storie

Relazioni

È innegabile che ciascuno di noi sia legato nella vita a vincoli e norme. Tutta la nostra esistenza è sotto il giogo delle leggi immutabili dell'universo. Per essere veramente liberi dobbiamo accettarle. Nella misura in cui le assecondiamo riceviamo salute, sostentamento e una certa serenità.

C'è tuttavia una verità che non si trova nelle leggi, perché esse ci impongono regole mentre l'anima ha bisogno di relazioni.

La norma prevede sempre una parte predominante sull'altra, mentre la relazione prevede eguaglianza fra le parti.

Se affermiamo che nell'universo non c'è spazio per le relazioni infinite della nostra anima, ma soltanto per qualche fugace rapporto causa-effetto, destinato a durare un tempo delimitato, allora dobbiamo concludere che nelle relazioni umane non c'è alcun presagio di eternità.

Tuttavia, nel mondo, non c'è solo la legge dell'esistenza, ma anche la gioia dell'esistenza.

E allora ci chiediamo: la gioia è circoscritta solo a questa vita terrena o è forse qualcosa d'impalpabile che si slancia verso l'infinito? Dov'è la verità?

Noi cerchiamo la verità osservando tutto l'universo. Quando notiamo fenomeni simili – il bastone che cade di mano, il frutto che cade dalla pianta, il fiume che scende dal monte – concludiamo che c'è un unico principio a governarli, e allora esclamiamo: «Ho visto la verità!». Se consideriamo gli avvenimenti in modo separato, invece, essi rimangono senza significato. Gli scienziati riconoscono la verità quando in molti fatti riscontrano la stessa unità di principio. Questo è il campo delle leggi che regolano il regno della materia e della natura.

Ora, non c'è forse anche nel regno dell'anima un punto in cui si uniscono tutte le realtà generatrici di gioia?

Troviamo gioia nell'amicizia, nei figli, nella bellezza del creato; ma qual è il loro punto d'incontro? Gli scienziati non rispondono a questa domanda, il saggio invece risponde, e dice: «L'ho visto: è Lui, è Dio l'essenza della gioia, la Gioia Infinita!». Gli uomini della Scienza studiano le leggi dell'universo, ma gli uomini dello Spirito, i mistici, i sapienti, sanno vedere anche l'unico "Amico" dentro tutti gli amici, l'unico "Padre" dentro tutti i padri. Hanno trovato quello che manca alla risposta degli scienziati. In quell'istante, lo spirito stesso dice: «Ho trovato il mio mondo, sono salvo!».

Santiniketan, conferenza 25 dicembre 1926

Resa[1]

Desidero arrendermi e chinarmi fino alla polvere dei tuoi piedi.
Voglio lavare tutta la mia vanità con le lacrime.
Solo così potrò ottenere gloria. Continuo a concentrarmi su me stesso e questo mi fa perdere umanità.
Voglio lavare tutto il mio orgoglio con le lacrime.
L'eccessiva preoccupazione per il mio io è profonda quanto una miniera, eppure voglio realizzare la Tua volontà nella mia vita. In te trovo pace assoluta, dentro il mio essere sei luce.
Vieni ad abitare al centro di me stesso, al centro del fiore di loto del mio cuore.
Voglio lavare tutta la mia superbia con le lacrime.

Gitanjali, I

---

[1] Inedito dalla versione bengalese del 1906. La numerazione seriale nell'edizione in bengali del *Gitanjali* era diversa da quella utilizzata da Tagore nell'omonima antologia da lui tradotta e pubblicata in lingua inglese. Una cinquantina di poesie restarono inedite in Occidente e solo di recente sono state recuperate e tradotte. Questa è la lirica che apriva la raccolta bengalese.

S come...

Sorriso

Nel tuo sonno, al limite dei sogni,
attendo il tuo viso
come stella del mattino
che appare fugace alla finestra.
Con i miei occhi berrò il tuo primo sorriso
che sboccerà come un germoglio
sulle tue labbra dischiuse.
Il mio desiderio è solo questo.

Liriche di Puravi

Santità

Ci sono stati in passato molti grandi uomini di cui non cono-
sciamo i nomi; e ci sono certamente anche ora grandi uomini
che rendono pura la terra e la nostra vita bella e splendida.
Sappiamo dai libri di scienza che le piante rigenerano con il
loro ossigeno vitale i veleni della natura. Allo stesso modo

i veleni emessi dai comportamenti umani vengono purificati dalla presenza delle vite sante. Gesù di Nazaret ha tenuto vivo l'impegno rigeneratore sulla terra e con Lui veneriamo tutti gli altri santi che hanno portato il bene sulla terra attraverso il dono della loro vita.

Santiniketan, conferenza 25 dicembre 1936

Solitudine

Quando il mio cuore è duro e inaridito
scendi con la tua pioggia di consolazione.
Quando la vita non conosce più gentilezza
vieni come un'esplosione di canti.
Quando il lavoro frenetico
alza ovunque il suo frastuono
e mi esclude dal tuo mondo
vieni da me, Signore del silenzio,
con la tua pace e il tuo riposo.
Quando il mio povero cuore
si accuccia zitto e solo in un angolo
forza pure la porta
e fai il tuo ingresso trionfale.
Quando l'egoismo acceca la mente
con polvere e delusioni
Tu santo, tu Signore delle veglie,
vieni e ridestami con lampi e tuoni.

Gitanjali, XXXIX

Segreto

Non celare il segreto del tuo cuore,
amico mio!
Dillo a me, a me solo,
in confidenza.

Tu che sorridi gentile,
dimmelo piano,
il mio cuore ascolterà,
non il mio intelletto.

La notte è profonda,
la casa è silenziosa,
i nidi degli uccelli
tacciono nel sonno.

Sciogli tra lacrime e sorrisi,
con doloroso coraggio
e dolce vergogna,
il segreto del tuo cuore.

Versetti

Sospiro

Per un tuo sospiro
io do sfogo
a vibranti note
di gioia
o di dolore.
Sono una sola cosa

col tuo canto,
che sia
mattutino
o notturno,
che entri
tra i raggi del sole
o tra le ombre
della sera...
Se dovessi
Perdermi nella fuga
di questa musica,
non ne patirei,
tanto
questa melodia
m'è cara.

La barca d'oro

Speranza

Se l'amore deve essermi negato,
perché il mattino mi spezza il cuore
in canzoni, e perché questi sospiri
che il vento del sud disperde
tra le foglie di primavera?

Se l'amore deve essermi negato,
perché la notte,
in dolente silenzio,
mi porta la pena delle stelle?

E perché questo folle cuore
getta sconsideratamente la speranza
su un mare la cui fine non conosce?

Raccolta votiva

Stagioni

Il tempo è senza fine nelle tue mani,
mio Signore.
Non c'è nessuno che conti le tue ore.
Passano i giorni e le notti,
le stagioni sbocciano e appassiscono
come fiori.
Tu sai attendere.
Le stagioni si susseguono
per perfezionare un piccolo fiore di campo.
Noi non abbiamo tempo da perdere,
e non avendo tempo dobbiamo affannarci
per non perdere le nostre occasioni.
Siamo troppo poveri per arrivare in ritardo.
E così il tempo passa, mentre io lo dono
a ogni uomo querulo che lo richiede,
e il tuo altare è del tutto vuoto.
Alla fine del giorno m'affretto
per paura che la tua porta sia chiusa;
e invece c'è ancora tempo.

Gitanjali, LXXXII

Spogliamento

Quando resto avvinghiato ai miei tesori,
mi sento simile al verme
che nel buio del frutto rimane dov'è nato.
Voglio lasciare il mio putrido carcere,
fuggendo i miei ruderi muscosi,
anelo alla giovinezza sempiterna;
scaglio via ogni cosa che non mi sia
davvero cara e lieve come la mia risata.
Corro lungo le vie del tempo,
e tu, cuore, senti danzare il poeta che
canta mentre libero se ne va errando.

Raccolta votiva

Sofferenza

Non è crescita spirituale accettare la sofferenza che ci procura
vantaggi, ma è crescita accettare il dolore come espressione
d'amore.
Non si realizza pienamente nessuna forma di spiritualità nella
tensione carica di sofferenza che l'avaro prova nell'ammassare
ricchezze; e neppure nel sopportare il dolore per ottenere me-
riti per il paradiso. In ciò si manifesta la meschinità dell'anima.
La sofferenza come espressione di amore si realizza nella ri-
nuncia, e in essa l'uomo vince la morte e rende gloriose sopra
ogni cosa le forze dell'animo.

Con la sofferenza superiamo noi stessi, cresciamo e ci espandiamo, diventando parte dell'universo che geme e cresce. Attraverso il dolore l'uomo incontra se stesso e gli altri.

Santiniketan, conferenza 25 dicembre 1912

Servizio

Lascerò tutti gli onori,
ma non l'onore di servire te.
Chiamerò tutti il giorno in cui potrò trovare
un granello della polvere dei tuoi piedi.
Non potrò nascondere
le parole della tua chiamata.
In tutte le parole, in tutte le azioni
proclamerò la tua adorazione.
Lascerò tutti gli onori,
ma non l'onore di servire te.
Gli onori che ho ricevuto nel lavoro
se ne andranno tutti lontano.
Solo il tuo onore, ad una voce,
risuonerà nel mio corpo, nel mio spirito.
Quando me ne starò,
distratto alla finestra del mondo,
anche il viandante della strada
vedrà nel mio volto la tua parola.
Lascerò tutti gli onori,
ma non l'onore di servire te.

Offerta, XIII

Spiritualità

L'uomo deve conseguire la pienezza della sua esistenza, il suo posto nell'infinito.

L'uomo essenzialmente non è schiavo né di se stesso né del mondo, ma è amante.

Nell'amore il senso della differenza scompare, e l'anima umana raggiunge il suo scopo di perfezione. Questo principio di unità insito nell'anima umana è sempre attivo, ed estende la sua influenza ovunque, per mezzo della letteratura, dell'arte e della scienza, della società, della politica e della religione. I nostri grandi rivelatori sono coloro che manifestano il vero significato dell'anima con la rinuncia del proprio io per amore dell'umanità. Mahatmas, "uomini di grande anima".

La più grande gioia è riposta nella rinuncia al nostro personale egoismo e nell'unione con gli altri. Conoscere l'anima nostra separatamente all'io è il primo passo verso la liberazione suprema. Noi dobbiamo persuaderci con assoluta certezza che essenzialmente siamo spirito.

Quando il pulcino balza fuori dall'isolamento dell'uomo, sa che il duro guscio che lo racchiuse, per tanto tempo, in realtà non era parte della vita. Per quanto perfetto di forma, è destinato a essere spezzato affinché il pulcino possa giungere alla libertà dell'aria e della luce, e compiere l'intero corso della sua vita di uccello.

L'uomo liberandosi dalla superbia dell'io, viene in possesso del suo vero retaggio. Egli non deve più lottare per procacciarsi la sua posizione nel mondo, ma gli è assicurata ovunque dal diritto immortale che è nell'anima sua. Invece la superbia dell'io impedisce la vera funzione dell'anima.

Quando un uomo dorme, la sua esistenza è ristretta nei limiti della vita vegetativa, non avverte i suoi rapporti cambiati col mondo esteriore, e perciò non ha coscienza di se stesso. Così l'uomo che vive nell'avidità è confinato dentro il suo proprio io. Il suo è un sonno spirituale: non conosce quindi la realtà della sua anima. Ma quando consegue la *bodhi*, l'illuminazione, egli diviene Buddha.

L'uomo abbandona la sua dimora per soddisfare bisogni che per lui sono più che il cibo e il vestire: egli va peregrinando per ritrovare se stesso.

L'ideale di estinzione dell'io è stato predicato con sommo fervore non solo nel buddismo e nelle religioni indiane, ma anche nel cristianesimo. Nel pensiero ortodosso indiano, la vera liberazione dell'uomo è la liberazione dall'avidità, dall'ignoranza.

Il saggio dice: «Liberatevi dall'avidità, conoscete la vostra vera anima, e salvatevi così dalla stretta dell'io che vi tiene prigionieri». L'amore è lo scopo ultimo di tutte le cose attorno a noi; non è un semplice sentimento, ma è la verità, la gioia posta a base di tutta la creazione, la splendida luce della coscienza pura che emana da Brahma.

Le cose che ci sono utili interessano solo questa parte di noi che è soggetta a qualche bisogno; quando questo è soddisfatto, l'oggetto che era utile diviene fastidioso. Al contrario il più tenue ricordo ci è di gran valore quando il nostro cuore ama, perché esso non ci serve a un qualsiasi uso, ma è fine in se stesso, riguarda tutto l'essere nostro e perciò non ci stancherà mai. Si può osservare che l'infinito è al di là dei limiti da noi raggiungibili, ed è quindi per noi come se fosse il nulla.

L'uccello, volando nello spazio, costata a ogni battito delle ali che lo spazio è illimitato. E in ciò consiste la sua gioia. Nella gabbia il suo spazio è circoscritto. Così l'anima nostra deve spaziare nell'infinito.

Buddha, Gesù e tutti i grandi profeti rappresentano appunto queste grandi idee. Essi ci insegnano la via della rinuncia di tutto ciò che abbiamo.

Nel dare troviamo la gioia più reale e la liberazione, poiché è un riunire noi stessi, a misura che diamo, all'infinito.

Allo scopo di realizzare un'intima unione con questo Mahatma, "la Grande Anima", l'uomo dovrà coltivare la grandezza dell'anima, che si identifica con l'anima di tutti gli uomini e non solamente con quella del singolo individuo.

Le nostre passioni sviano la nostra coscienza verso la materia, allontanandola da quei supremi valori di verità che costituiscono l'essenza dell'essere universale. Noi cerchiamo di colmare il vuoto creato dal riflusso dell'anima, retrocedente con un flusso di ricchezza che può avere il potere di colmare, ma non quello di unire e ricercare. Infatti, la lacuna viene pericolosamente dissimulata dalle sabbie mobili della materia che, per il suo stesso peso, provoca un improvviso cedimento, che ci sorprende in un sonno profondo.

Nel campo del possesso materiale, gli uomini sono gelosamente orgogliosi del loro senso di proprietà e dei loro esclusivi diritti.

Mi sono sempre mantenuto indifferente e assolutamente insensibile a qualsiasi forma di religione. Non potevo convincermi di appartenere a una determinata religione per il solo fatto che coloro in cui avevo fiducia credevano nel suo indiscusso valore. Per tale motivo la mia mente si è sviluppata in un'atmosfera di libertà, libertà dal predominio di qualsiasi credo sanzionato dalla definita autorità di un testo sacro e dall'insegnamento di una comunità organizzata di credenti.

«Che io contempli il divino splendore di Colui che ha creato la terra, l'aria e le sfere stellate, il quale ispira alla nostra mente la facoltà di comprensione». Questa frase suscitò in me un senso di serena esaltazione, la quotidiana meditazione sull'Essere infinito, che unisce in un unico flusso creativo la mia anima con il mondo esterno.

L'Amante Supremo, la cui vicinanza si manifesta in ogni rapporto d'amore: l'amore per la bellezza della natura, per l'animale, per il bambino, per l'amico, per l'amante, l'amore che illumina la nostra coscienza della realtà.

La visione dell'Essere Supremo si realizza nella nostra immaginazione, ma non si crea nella nostra mente. Più reale del singolo individuo, Egli è superiore a ognuno di noi per la sua penetrante personalità, che è trascendentale.

Qualsiasi possa essere il nome o la natura del suo credo religioso, l'idea che l'uomo si è formato dalla perfezione umana è basata su un legame di unità che esiste in ogni individuo e che culmina nell'Essere Supremo, che rappresenta l'eterno nell'umana personalità.

La superiorità dell'uomo consiste nella sua adattabilità a improvvisi e abnormi cambiamenti, poiché né il torrido né il glaciale del suo destino dovranno per lui rappresentare ostacoli insuperabili. Quando le nostre necessità diventano sempre più incalzanti, quando le risorse che per tanto tempo ci hanno sostenuto si esauriscono, allora il nostro spirito mostra tutta la sua forza nella ricerca di altre sorgenti di sostentamento ben più profonde e durature. Quando i nostri muscoli diventano meno efficienti, noi chiediamo aiuto al nostro intelletto. Quando i nostri doni intellettuali gradualmente si esauriscono, la nostra anima dovrà cercare una sicura alleanza con forze ancora più profonde e più estranee alla rude stupidità dei muscoli. Abbiamo bisogno di forza spirituale che potrà essere rivelata nelle nascoste profondità del nostro essere.

La massima verità dell'uomo si realizzava nella cooperazione e nell'amore.

Le grandi anime vedono con grande semplicità la verità, come l'elemento base di tutta la vita. Gesù, indicando che il Regno dei cieli è dentro l'uomo, ha dimostrato la grandezza dell'uomo. È venuto a mostrarci che la grandezza dell'uomo non sta nella ricchezza, ma in Dio che si manifesta in lui. Davanti alla società umana ha chiamato Dio suo "padre". Dio è Padre: solo per questa eterna relazione l'uomo è pieno di gloria. Perciò, non perché re dell'Impero, ma perché Figlio di Dio, l'uomo è più grande di tutti gli essere viventi.

Chi riesce a cedere senza ostacoli la forza spirituale, vede anche la forza di Dio e in questa visione trova la vera speranza di salvezza.

C'è materialità nella natura umana dove c'è furbizia d'affari, dove c'è guadagno e accumulo di ricchezze. Possiamo vederne l'effetto in tutto il mondo: oggi l'avidità contagia l'universo e accende il fuoco di un'intelligenza violenta in ogni uomo.

La vita non è certamente costituita da semplici fatti del vivere per noi evidenti, l'atto di respirare, di digerire e le altre funzioni del corpo; e non è neppure il principio unitario che raccoglie in sé un futuro che tende sempre a comprendere anche il presente, deve tener conto di circostanze impreviste, sperimentare sempre nuove variazioni. Se c'è materiale morto a impedire il passo all'avvenire che avanza, la vita tradisce il compito che le è stato affidato.

L'anima è la nostra vita spirituale e contiene in sé la nostra infinità. Contiene un impulso che spinge la nostra coscienza a penetrare attraverso le mura debolmente illuminate della nostra vita animale, dove le turbolente passioni lottano per ottenere la vittoria in uno spazio troppo ristretto.

L'uomo non può essere semplicemente un cittadino o un patriota, poiché né la città né il paese, e neppure quella gran caldaia che si chiama mondo, possono contenere la sua anima eterna. La vita dell'uomo volgerà alla perfezione quando l'uomo ricorderà questa grande verità: che la sua vita segue un corso che va dall'infinito all'infinito senza principio e senza fine.

La vita mortale dell'uomo si divide solo in due periodi, il periodo dell'addestramento e quello del lavoro. È come se si continuasse indefinitamente a tracciare una linea diritta fino al momento in cui, stanchi, si lascia cadere il pennello. Ma una linea diritta, per quanto lunga, non potrà mai essere un quadro; non è disegno, non ha alcun significato. Il lavoro è solo un mezzo, non può essere fine a se stesso.

L'Europa invece ha omesso di proporre all'uomo lo scopo ben preciso che dovrebbe essere il fine naturale del lavoro. Non vi è limite a ciò che si desidera acquistare nel campo materiale come in quello della conoscenza, e la civiltà europea sottolinea unicamente il progresso e l'accumularsi di questa conquista, dimenticando che il maggior contributo che ogni singolo individuo può dare al progresso dell'umanità consiste nel perfezionamento della propria vita. Così, per gli europei, la fine arriva sempre a metà delle cose: non esiste preda, ma soltanto la caccia.

Si dice anche che il desiderio non si esaurisce mai, ma anzi aumenta via via che viene soddisfatto.

Quando giunge il momento in cui la giovinezza si allontana, cerchiamo di trattenerla a viva forza. Quando il calore del desiderio si rifredda, desideriamo ravvivarlo con un nuovo alimento che abbiamo inventato. Quando i nostri organi di senso si indeboliscono, li incitiamo perché continuino nel loro sforzo.

La rinuncia è un fatto necessario, e solo la rinuncia ci promette la ricompensa: questa è la verità del mondo interiore. Il fiore deve perdere i petali perché possa nascere il frutto, e il frutto deve cadere perché possa rinascere l'albero. Il bimbo esce dal rifugio del grembo materno perché il suo corpo e la sua mente possano crescere; poi deve lasciare la sicurezza che gli fornisce un mondo ristretto e che ha il suo centro in se stesso per entrare in una vita più piena nella quale sono numerosi i rapporti con la moltitudine. Da ultimo viene il declino del corpo e l'uomo ricco d'esperienza dovrebbe lasciare la vita terrena più limitata e, da un lato, dedicare alla vita universale la saggezza che ha accumulato, mentre, dall'altro, dovrebbe stabilire il suo rapporto con la vita eterna.

Così, quando alla fine il corpo in via di decadenza ha tirato al massimo il legame che lo tiene stretto alla terra, l'anima contempla la sua fuga con semplicità, senza rimpianto e nell'attesa della propria rinascita nell'infinito.

La religione dell'uomo

T come...

Tesoro

Vivevo sul lato in ombra della strada
e osservavo i giardini dei vicini
al di là della strada, festanti
nella luce del sole.
Mi sentivo povero,
e andavo di porta in porta con la mia fame.
Più mi davano della loro incurante abbondanza,
più diventavo consapevole
della mia ciotola da mendicante.
Finché un mattino mi destai dal sonno
all'improvviso aprirsi della mia porta,
e tu entrasti a chiedermi la carità.
Disperato, ruppi il coperchio del mio scrigno,
e scoprii sorpreso il mio tesoro.

Il dono dell'amante

Talento

Ho ricevuto il mio invito
alla festa di questo mondo;
la mia vita è stata benedetta.
I miei occhi hanno veduto,
le mie orecchie hanno ascoltato.
In questa festa dovevo soltanto
suonare il mio strumento:
ho fatto come meglio potevo
la parte che mi era stata assegnata.
Ora dico: è venuto
alfine, il momento di entrare
e guardare il tuo volto e offrirti
il mio silenzioso saluto.

Petali sulle ceneri

Traversata

Nel tempo impervio della notte
affronta la traversata del tempestoso mare
il mio Navigatore.
Nella bufera, rabbiosa,
la vela gonfia di vento,
lui viene spingendo la barca.
Nell'oscurità della notte
come pauroso e mortale veleno,
pare che il cielo infranto s'inabissi nel mare:

lui viene avanti scomparendo
nelle onde alte e rabbiose
senza pace e senza meta.
Cosa progetta il mio Navigatore
per salpare di notte
con tempo ingrato?
Sprezzando gli elementi ostili
a quale appuntamento tende il mio Navigatore?
Stretto alla vela bianca
nelle dense tenebre
lui viene spingendo la barca.
Verso quale approdo dirige il suo legno?
Nessuno può decifrare i suoi piani.
Perduto nel mare della notte
quale rotta asseconda?
Con l'occhio aperto nella notte
sopra una soglia sconosciuta,
una lampada attende in preghiera.
Esalterà la disonorata
e la farà sua compagna,
il mio solitario Navigatore!
Nella notte tempestosa
come potrà raggiungere la meta
il mio Navigatore pellegrino?
Ignoro con quale carico
d'oro e di gioielli
lui venga spingendo la barca.

No, lui non ha gioielli
ed è privo di tesori;
ma porta in mano soltanto
la collana dell'amore.
In estasi cantando
nell'oscurità della notte
attraversa l'oceano.
Nell'aurora che s'annuncia
quale petto cingerà d'una collana
il mio Navigatore?
Ai margini della strada
sta colei che attende
il mio Navigatore.
Per lei osò il viaggio
a tutti segreto:
lui viene spingendo la barca.
I capelli si scompigliano,
gli occhi s'inumidiscono,
tra le fondamenta divelte sibila il vento.
La fiamma trema e si spegne al vento
e alla pioggia ombre salgono nella casa.
Viene a chiamare per nome colei ch'è senza nome
il mio Navigatore.
Infinito tempo è trascorso da quando salpò
il mio impaziente Navigatore.
L'aurora non è fiorita dalla notte
e ancora lunga sarà l'attesa:
lui viene spingendo la barca.

Nessuno saprà della sua venuta,
non s'udranno squilli di tromba né rulli di tamburo.
Camminerà solo nelle tenebre
e riempirà la casa di luce.
Al suo tocco amoroso
la povertà sarà benedetta
e il suo corpo reso sacro.
Nel silenzio
ogni dubbio verrà sciolto
se il Navigatore
approderà alla mia riva.

Uccelli migranti

Tempo

Giorno e notte, senza sonno,
il grande tempo veglia
sopra l'incognito,
sopra l'inesistente,
sopra il futuro
incerto e sconosciuto.

Scintille

U come...

Unione con Dio

Amore mio, giorno e notte il mio cuore
desidera incontrarsi con te
in un incontro simile alla morte,
che tutto consuma.
Abbattimi, come fa la tempesta;
prendi tutto quello che possiedo;
invadi il mio sonno
e ruba i miei sogni.
E in quella desolazione,
nel totale spogliamento dello spirito,
uniamoci insieme nella bellezza.
Ahimè, che vano desiderio!
Che speranza c'è d'essere uniti
se non in te, Dio mio?

Il giardiniere, L

Umiltà

Secoli fa, l'Oceano, sposo della dea Gange, fu colto da un dubbio.
«Vedo, dolce dea – proruppe con un boato di burrasca, scompigliando la sabbia della spiaggia – che con la piena hai trascinato via alberi possenti con rami e radici, ma neppure una canna è giunta fino a me. È forse per disprezzo che hai trascurato di portarmela? Eppure ha un corpo esile e cresce fragile sulla riva. Com'è possibile che la canna non abbandoni mai le tue rive e non venga sradicata?».
«Mio sposo Oceano – rispose la dea – gli alberi s'innalzano orgogliosi, e quando viene la piena si oppongono presuntuosi alla corrente: è proprio per questa loro resistenza che vengono sradicati dalle acque e dal vento. La canna invece, se vede avvicinarsi la piena, la sa accogliere, e accetta di piegarsi. Così, quando la furia è passata, eccola di nuovo salda al suo posto. La canna sa riconoscere il tempo giusto, non è mai superba, sa accettare anche gli eventi negativi, non dispera mai e conosce l'umiltà. Ecco perché non viene trascinata via».
«La piccola canna dimostra un'immensa sapienza!», sospirò l'Oceano. E, con un abbraccio, accolse la sua sposa.

Mashi e altri racconti

Utilità

Molto tempo fa, una vacca si allontanò dalla sua mandria e si avvicinò alle rive del Gange per bere un po' d'acqua.
Lì trovò anche dell'erba verde, e cominciò a brucare.

Mangiò e mangiò finché si accorse che stava scendendo la notte, e così riprese la via verso casa.

Lungo la strada però incontrò una tigre.

«So che sei una vacca sacra – disse la tigre – ma per me sei solo una cena gustosa! E io ti mangerò».

«Di fronte a te, la morte mi è inevitabile – rispose allora la vacca – se dunque devo perdere la vita, sarò io stessa a donare il mio corpo a chi è affamato. Avrei però una piccola richiesta».

«Parla!» ruggì la tigre.

«A casa ho un vitello. È ancora piccolo, e non può brucare l'erba: beve solo latte. Nel frattempo gli sarà venuta fame: vado a nutrirlo con il mio latte e poi ritornerò da te. Altrimenti tutta l'erba che ho brucato e tutto il latte che posso donare andrebbero sprecati, come un fiore che sta nascosto nella foresta e che non renderà felice nessuno. La vita è buona se è utile per qualcuno: cosa vale se diventa inutile?».

«I tuoi pensieri sono giusti – disse la tigre – ma non tornerai. Come posso crederti?».

«Ti do la mia parola: se non torno da te, che io finisca nell'inferno degli sleali».

«D'accordo», disse allora la tigre.

La vacca corse veloce a casa, e chiamò il suo vitello: «Vieni, figlio mio, a bere il tuo latte!». Il vitello, però, osservando bene la madre, disse: «Che cosa ti preoccupa, mamma? Dimmelo, o mi rifiuterò di succhiare il latte». La vacca capì che il vitello faceva sul serio, e così gli raccontò della tigre: «Ora però succhia in fretta, figlio mio! Ho dato alla tigre la mia parola!».

«Sono così turbato da quello che mi hai raccontato, mamma,

che non riesco nemmeno a succhiare. Vengo con te. Tanto non sopravviverei comunque alla mia tristezza. La vita è buona se è utile per qualcuno: cosa vale se diventa inutile?».

Così riflettendo, vacca e vitello si presentarono entrambi alla tigre: «Vieni, tigre, tu hai fame. Divoraci. Offriamo i nostri corpi a chi è affamato».

«Cara vacca, e caro vitello! – esultò la tigre – Felici voi che, mantenendo la vostra parola, avete rinunciato al vostro corpo ma non alla vostra lealtà! Andate liberi! Tu adesso sei mia sorella, e questo è mio nipote. Non vi divorerò».

E così, vacca e vitello, tornarono felici a casa.

Mashi e altri racconti

Umore

L'alba tenera e rosea
risveglia il mio buon umore.
Il volto dorato
fa capolino tra le nubi d'oriente:
l'animo si leva aperto
sopra il mondo.
Facciamo un bagno
in questa luce,
stendiamoci fra i fiori
e il canto degli uccelli
faccia vibrare tutte le membra del corpo.
Il cuore mio vuole innalzarsi
fino al cielo

come una stella,
come un fiore vuol fiorire verso il cielo
nella sua gioia di vivere.
Nella notte profonda,
salito in cielo vuol mirare in ogni direzione,
perdersi in mezzo alle stelle
e cantare felice.
Senza direzione
come una nube
vuol vagare nel cielo:
così passano i giorni e le notti,
vanno senza fermarsi, senza meta:
il vento accarezzi il corpo,
il chiar di luna cada ai piedi.
Vicino l'usignolo
vola via cantando,
vaga tranquillo.
Il mio cuore è come nube,
vuole vagare in mezzo al cielo.
Aperti gli occhi verso la terra
vuol sorridere come l'alba.
Il sorriso s'unisce alle nubi,
il sorriso vaga per l'aria:
sorriso d'aurora,
sorriso di fiore si spande per il giardino.
Il mio cuore s'innalza in cielo
vuole fiorire come l'aurora.

Luna crescente

Uomo

Ogni mattina il mio cane devoto
accucciato e silenzioso
aspetta,
finché lo saluto con un colpetto.
Al ricevere questo buffetto
il suo corpo tutto trasale di gioia.
Fra le mute creature animali
lui solo, penetrando il velo del bene e del male,
ha visto l'Uomo nella sua interezza,
essere per cui può dar la vita contento,
cui senza secondi fini può riversare amore
da un opaco sentire
che a stento trova la via
verso il mondo della coscienza.
Quando vedo l'offerta di questo muto cuore
supplice del suo stesso bisogno,
immaginar non so quale raro valore
la sua pura saggezza ha trovato nell'Uomo.
Col suo tacito sguardo,
patetico, smarrito,
quel che afferra non può esprimere in parole;
ma per me rivela il vero significato dell'Uomo
nello schema del Creato.

Le ali della morte

V come...

Visione

Quello che volevo dire
e che non ho detto
era solo questo:
attraverso i miei occhi
ho visto mille volte
l'universo eterno.
L'eterna intelligenza dello Sconosciuto
ogni giorno in semplicità
ha riempito il profondo del cuore:
non so se potrò dire
con parole chiare
questa verità.
Risuona il canto della nuda terra
sotto l'ombra solitaria del gelso,
sull'altra sponda del fiume
ara il contadino la ripida riva,
volano via le anitre dalla spiaggia sabbiosa
senza erba e senza gente.
Le acque stanche del fiume dimesso

come occhio spento e mezzo attento
chissà se vanno o sono ferme?
Da molto tempo segnata da impronte di piedi,
la strada, amica del raccolto,
procede tortuosa lungo i campi:
corre una parentela tra la capanna e il fiume.
Quante volte il poeta ha contemplato
quelle immagini,
quel villaggio alla luce di marzo,
quella terra desolata,
quel traghetto,
quella linea azzurra del fiume,
in quel lontano seno di sabbia presso acque solitarie
nel luogo del mercato,
quel bisbiglio serrato,
solo questo guardare,
quel camminare sulla strada,
quella luce, quell'aria,
quel fuggire improvviso di nubi sulla corrente del fiume,
il cammino silenzioso delle ombre:
il cuore ha cercato di vedere
quello che nelle gioie e nelle pene
a più riprese lo ha reso perfetto.

Uccelli migranti

Volo

Al principio del tempo, i cieli erano tutti solcati dal volo degli elefanti.

Troppo pesanti per le ali che portavano, qualche volta cadevano giù, spaventando gli altri animali e disturbando gli asceti che, seduti su una pelle di tigre e cosparsi di cenere, stavano concentrati nella meditazione.

Uno di questi, infuriato per essere stato interrotto nel mezzo di un difficile esercizio yoga, ordinò loro di smettere di volare.

Gli elefanti allora decisero di scegliersi una dimora definitiva.

Un gruppo molto numeroso si stabilì a nord, vicino alle sorgenti del Gange.

Avendo accettato l'ordine dell'asceta di rinunciare alle ali, ne raccolsero migliaia e le accumularono tutte a nord dell'India.

In inverno cadde la neve che ricoprì il grande mucchio di ali: nacque così la catena dell'Himalaya.

Un branco di elefanti blu atterrò invece nell'oceano Indiano.

Lì i pachidermi persero le ali e si trasformarono in balene, gli elefanti senza proboscide che vivono nel mare.

Un altro branco di elefanti atterrò invece nel Gange e si trasformò in delfini d'acqua dolce: gli elefanti senza proboscide dei fiumi indiani.

Un ultimo branco decise di conservare le ali, ma acconsentì a non posarsi mai più sulla terra.

Ancora oggi, quando questi elefanti vanno a dormire, si radunano sempre nello stesso punto del cielo e sognano con un occhio aperto.

Le stelle che si vedono brillare in cielo sono, infatti, gli occhi degli elefanti volanti che, anche di notte, preferiscono tenerne aperto uno per vegliare su di noi e, intanto, assicurarsi di non cadere giù.

Legami spezzati e altre storie

Verità

L'acqua di un bicchiere è trasparente,
mentre quella del mare è scura.
La piccola verità si schiude in parole chiare,
la grande verità è contenuta in un grande silenzio.

Lucciole

Vita

Vita della mia vita,
cercherò di conservare
puro il mio corpo sempre,
sapendo che la tua carezza vivente
sfiora tutte le mie membra.

Sempre cercherò di allontanare
ogni falsità dai miei pensieri,
sapendo che tu sei la verità
che ha acceso la luce della ragione
nella mia mente.

Sempre cercherò di scacciare
ogni malvagità dal cuore,
e di farvi fiorire l'amore,
sapendo che hai la tua dimora
nel più profondo del mio essere.

E sempre cercherò,
vita,
di rivelare te,
sapendo che solo il tuo potere
mi dà forza.

Gitanjali, IV

Viaggio

A lungo durerà il mio viaggio
e lunga è la via da percorrere.

Uscii sul mio carro
ai primi albori del giorno,
e proseguii il mio cammino
attraverso i deserti del mondo,
lasciai la mia traccia
su molte stelle e pianeti.

Sono le vie più remote
che ci portano più vicino a noi stessi;
è con lo studio più arduo che si ottiene
la semplicità d'una melodia.

Il viandante deve bussare
a molte porte straniere
per arrivare alla sua,
e bisogna viaggiare
per tutti i mondi esteriori
per giungere infine al sacrario
più segreto all'interno del cuore.

I miei occhi vagarono lontano
prima che li chiudessi per dire:
«Eccoti!».

Il grido e la domanda: «Dove?»
si sciolgono nelle lacrime
di mille fiumi e inondano il mondo
con la certezza: «Io sono!».

Gitanjali, XII

Via

Anche se le strade sono battute,
io smarrisco il cammino.
Nell'oceano immenso, nel cielo azzurro,
non vi è traccia di sentiero.
La viottola è nascosta
dalle ali degli uccelli,
dal firmamento scuro,
dai fiori delle alterne stagioni.

E io domando al cuore,
se il suo palpito
mi porterà la conoscenza dell'invisibile via.

Raccolta votiva

Vento di mezzogiorno

Solo un germogliare di foglie
che in estate entrava
nel giardino in riva al mare.

Solo un rumore e un fruscio
nel vento di mezzogiorno,
poche, indolenti prove di canto…
E poi il giorno finiva…

Dono d'amore

Z come...

Zattera (della vita)

La vita scivola
sulla corrente dell'eterna morte.
Per quale ignoto motivo
quest'esile zattera affronta i pericoli del mare?
Quale timoniere
dispone nel mio cuore
la fragile rotta?
Soltanto io so che a milioni essi vanno
sostando, nel loro cammino,
per vender la merce.
Anche Colui che per ricever resta,
scompare in un istante,
le frodi tutte ingoia senza tregua la morte,
eppur la vita non è tutta frode!
Qualcosa resta quando tutto è morto.
La somma ricchezza dell'esistenza
adunata in un vaso crivellato di fori.
Quel che incessantemente riceve
poi perde goccia a goccia

tal costante usura dell'ammasso
l'ignavia rimuove
e prende forza quando s'allontana.
L'informe Dio che tutto muove,
Colui che è e non è,
cui è virtù dell'essere e del non essere,
che insieme è manifesto e ascoso
nel fluir dell'esistenza
come chiamar si deve Colui,
nel Quale il nome mio
dopo la fugace sua emersione
si perderà di nuovo nei flutti?

La ali della morte

Zizzania

Gli uomini perfetti, considerandosi uguali fra loro, realizzano l'unione della loro anima con Colui che pervade il Tutto.

Se l'essere umano vuol mettersi in contrasto con i suoi simili, ponendosi al di sopra di tutti e seminando zizzania, si separa anche da Dio.

Per questo le Upanishad hanno chiamato anime sagge, anime pure, coloro la cui vita ha dato frutti di compassione, di generosità e di pace. Questi grandi uomini sono in armonia con tutti e, uniti a tutti, sono uniti all'Uno Supremo.

Come un cammello non può passare per la cruna di un ago, così l'uomo, diventando sempre più carico di beni, non può passare attraverso nessuna via dell'universo. Si rinchiude in se stesso, prigioniero della sua stessa opulenza. Come può questa persona unirsi a Colui che è l'essenza della libertà e che abita in un luogo tanto vasto da poter ospitare tutti gli uomini del mondo, grandi o piccoli che siano, dando a ciascuno il proprio posto?

La religione dell'uomo

Appendice

Cenni sulla vita e le opere di Rabindranath Tagore

Rabindranath Tagore (forma anglicizzata del cognome Thakur), nacque a Calcutta il 6 maggio 1861. Fu uomo dagli interessi eclettici: si dedicò alla poesia, al teatro, alla musica e alla pittura. Cresciuto in una delle più ricche e nobili famiglie del Bengala, frequentò le scuole a Calcutta fino al diciassettesimo anno di età, quando fu mandato a studiare legge e letteratura in Inghilterra. Tornato in India, dopo aver amato i poeti romantici inglesi e francesi, iniziò la sua attività letteraria. Il nonno Dwarkanath era stato un attivo membro di quel movimento religioso noto come *Brahmo-Samaj* (Società di Dio), fondato nel 1828 da Raja Rammohun Roy, che aveva lo scopo di conciliare il principio monoteistico del cristianesimo e dell'islam con il politeismo indù, purificando quest'ultimo dalle degenerazioni idolatriche, dall'eccesso di riti liturgici e dallo scandalo delle caste.

Il padre di Tagore, Devendranath, era stato il capo di un ramo da lui formato della "Società di Dio" e aveva fondato a Santiniketan, a circa cento chilometri da Calcutta, quella sorta di eremo, *ashram*, poi trasformato da Rabindranath in università: la *Visva-Bharati* (Casa della pace).

Tagore respirò fin dalla nascita la cultura più raffinata ed ebbe la possibilità di viaggiare, ma una volta tornato in patria decise di mettere al servizio degli altri il proprio sapere in una grandiosa opera educativa: nella già menzionata università di Santiniketan si insegnavano il sanscrito, il bengali, l'inglese, le matematiche, le scienze fisiche e naturali, la storia, la geografia, la musica, le belle arti, mentre all'ombra dei *bargad*, grandi alberi, gli allievi si esercitavano nell'agricoltura, nel lavoro manuale, nella ginnastica. La vita della scuola era animata inoltre da conferenze religiose, meditazioni, preghiere e dalla recitazione di drammi teatrali. Il famoso libretto *Sadhana* (*La consapevolezza nella vita*), pubblicato a Londra per la prima volta nel 1913, poi più volte ristampato e tradotto in varie lingue, è la raccolta di una parte di conferenze tenute da Tagore a Santiniketan.

Perse la moglie ancora molto giovane e due figli in tenera età. Cantò il dolore della perdita trovando conforto nella poesia. A differenza di Gandhi – che conobbe e frequentò – non simpatizzò per i moti nazionalisti indiani, le cui agitazioni fanatiche erano per lui un eccesso di idolatria che aveva deificato la patria. Per Tagore l'India aveva molto da imparare dall'Occidente: libertà individuali e sociali, progresso civile, diritti delle donne... Mentre l'India poteva insegnare all'Europa atteggiamenti come il distacco da se stessi, la serenità, la pace, il gusto per la meditazione e il silenzio.

La sua opera letteraria è immensa; scrisse non meno di duemila poesie, accanto a drammi teatrali, romanzi, racconti, brevi novelle e apologhi. Sebbene non possa definirsi un filosofo, non avendo dato sistemazione alle sue idee in una teorizzazione organica, tuttavia le sue riflessioni politiche e pedagogiche lo fecero assurgere fra i maggiori pensatori dell'India. Persino con la pittura – passione che occupò gli ultimi anni della sua vita – cercò di dare forma ai pensieri filosofici, sempre degni di attenzione e fecondi di suggestioni originali.

Tagore fu conosciuto e apprezzato in Europa grazie alle traduzioni inglesi, che egli stesso curò. Le liriche del *Gitanjali* e la raccolta delle conferenze agli studenti dell'Università di Harvard, che uscì con il titolo *Sâdhanâ*, entrambe pubblicate a Londra nel 1913, furono le opere che lo resero famoso e che lo condussero, nello stesso anno, al conferimento del Premio Nobel per la Letteratura. I due capolavori rimasero fra i più letti e apprezzati nel mondo.

Decisamente minore fu il favore riservato dal pubblico ai suoi drammi; gli stessi critici indiani hanno spesso sorvolato sul valore del suo teatro. In generale, l'azione è debole, l'intreccio insufficiente, i caratteri poco delineati. L'allegoria non sempre è chiara, e le persone parlano e operano con un distacco che spesso appare non naturale, quasi onirico. Tuttavia, il mondo in cui i personaggi si muovono è in diretta continuazione con le icone poetiche di Tagore; ritroviamo lo stesso ardore religioso, la medesima nostalgia per lo splendore dello Spirito divino. Secondo altri critici più attenti, è proprio nei drammi che maggiormente si afferma l'originalità del poeta.

Notevole fu l'attività di Tagore come scrittore di novelle e romanzi, che rispetto ai drammi risultano più avvincenti.

Il romanzo *Gora* narra la storia del figlio di genitori irlandesi, perduto durante la rivolta del 1857, e allevato da una famiglia bengalica ortodossa. Il ragazzo cresce nell'odio contro gli inglesi fino a che quella che egli credeva essere sua madre non gli rivela la verità. I contrasti interni alla società indiana, turbata dai contatti con la cultura occidentale, oscillano fra le vecchie tradizioni e le nuove idee non ancora mature nell'animo degli indiani. Per un lettore occidentale può essere difficile comprendere l'analisi psicologica operata da Tagore sui suoi personaggi, ma l'efficacia rappresentativa è notevole.

Anche il romanzo *Ghare bāire* (*L'uomo e il mondo*) è dominato da motivi sociali; il problema centrale è impersonato nell'eroica Bimala, la quale si ribella al costume antico che legava per arbitrio paterno i destini matrimoniali dei giovani senza tener conto delle loro volontà e dei loro sentimenti: amore senza passione, convivenza subìta e non scelta. Intorno alla figura e al tema centrale vive tutta l'India con le sue agitazioni, i suoi dubbi, i suoi tentativi di acquistare l'indipendenza.

In quest'analisi dei costumi del suo popolo, Tagore risulta essere anche più efficace nelle sue novelle, precise nei caratteri e nelle forme, e magistralmente rifinite.

Tagore fu anche un importante critico letterario dell'India moderna; il suo *Sāhityaparicaya* (*Investigazioni letterarie*) è un insieme di saggi sullo spirito della letteratura indiana. Grande conoscitore anche di narrativa sanscrita, lasciò testi importanti sull'argomento.

La traccia profonda lasciata da Tagore nella vita civile dell'India moderna è testimoniata nella sua opera autobiografica *Jibansmrti* (1912), pubblicata in inglese nel 1917 con il titolo *My Reminiscences*.

Morì a Calcutta il 7 agosto 1941, a ottant'anni, dopo aver girato tutto il mondo, Cina e Giappone compresi.

Nel centenario della nascita di Tagore fu pubblicata in Italia una raccolta di scritti di argomento politico, pedagogico e culturale con il titolo *La civiltà occidentale e l'India* (Torino 1961).

Opere

Tagore scrisse quasi tutte le sue opere in due lingue: anzitutto in bengalese, per poi occuparsi personalmente della traduzione delle singole opere in lingua inglese. La sua fama internazionale si deve a quelle traduzioni. Riportiamo i titoli della prima edizione in lingua inglese (o in assenza di quella bengalese).

Gitanjali, Londra 1912 (*Gitanjali. Offerta di canti* – raccolta poetica).

Glipses of Bengal Life, Madras 1913 (*Scorci di vita del Bengala* – riflessioni in prosa).

The Gardener, Londra 1913 (*Il giardiniere* – raccolta poetica).

Sâdhanâ, Londra 1913 (*La consapevolezza della vita* – ciclo di conferenze).

The Crescent Moon, Londra 1913 (*Luna crescente* – raccolta poetica).

Chitra, Londra 1913 (*Citra* – raccolta poetica).

The King of the Dark Chamber, Londra 1914 (*Il re della camera buia* – opera teatrale).

The Post Office, New York 1914 (*L'ufficio postale* – opera teatrale).

Pushpanjali, Calcutta 1915 (*Petali sulle ceneri* – raccolta poetica).

Noibeddo, Calcutta 1916 (*Offerta* – raccolta poetica).

Palataka, Calcutta 1917 (*Dono d'amore* – raccolta poetica).

Fruit-Gathering, Londra 1917 (*Raccolta votiva* – raccolta poetica).

Hungry Stones and Other Stories, Londra 1916 (*Pietre magiche e altre storie* – opera in prosa).

Stray birds, New York 1916 (*Uccelli migranti* – raccolta poetica).

My Reminiscences, Londra 1917 (*I miei ricordi* – riflessioni in prosa).

Sacrifice and Other Plays, Londra 1917 (*Il Sacrificio e altri drammi*, che comprende cinque opere teatrali: *Sannyasi or the Ascetic*; *Malini*; *Sacrifice*; *The King and the Queen*; *Karna and Kunti*).

The Cycle of Spring, Londra 1917 (*Il ciclo della primavera* – opera teatrale).

Nationalism, Londra 1917 (*Nazionalismo* – saggio).

Personality, Londra 1917 (*Personalità* – ciclo di conferenze).

Lover's Gift and Crossing on the other side, Londra 1918 (*Il dono dell'amante e Passando sull'altra riva* – racconti in prosa).

Mashi and Other Stories, Londra 1918 (*Mashi e altri racconti* – racconti in prosa).

The Parrot's training, Londra 1918 (*L'ammaestramento del pappagallo* – favola pedagogica in prosa).

The Home and The World, Londra 1919 (*La casa e il mondo* – romanzo).

The Runway and Other Poems, Calcutta 1919 (*La strada e altre poesie* – raccolta poetica).

Greater India, Madras 1921 (*Un'India più grande* – raccolta di saggi politici).

The Wreck, Londra 1921 (*Il relitto* – romanzo).

Glimpses of Bengal, Londra 1921 (*Visioni bengalesi* – lettere).

Thought Relics, New York 1921 (*Reliquie del pensiero* – riflessioni spirituali).

Creative Unity, Londra 1922 (*Unità creativa* – saggio).

The Visva-Bharati, Madras 1923 (*La casa della pace* – saggio).

Letters from Abroad, Madras 1924 (*Lettere di viaggio* – carteggio).

Gora, Londra 1924 (*Gora* – romanzo).

The Curse at Farewell, London 1924 (*La maledizione di Farewell* – opera teatrale).

Talks in China, Calcutta 1925 (*Colloqui in Cina* – conferenze).

Red Oleanders, Londra 1925 (*Oleandri rossi* – opera teatrale).

Broken Ties and Other Stories, Londra 1925 (*Legami spezzati e altre storie* – racconti in prosa).

Lectures and Adresses, Londra 1928 (*Conferenze e lettere* – raccolta di discorsi e carteggio).

Fireflies, New York 1928 (*Lucciole* – schegge poetiche).

Letters to a Friend, Londra 1928 (*Lettere a un amico* – carteggio).

The Child, Londra 1931 (*Il bambino* – raccolta poetica).

The Religion of Man, Londra 1931 (*La religione dell'uomo* – saggio).

The Golden Boat, Londra 1932 (*La barca d'oro* – opera poetica).

Mahatmaji and the Depressed Humanity, Calcutta 1932 (*Il Mahatma e l'umanità oppressa* – articoli su Gandhi).

Est and West, Parigi 1935 (*Oriente e Occidente* – carteggio fra Gilbert Murray e Tagore).

My Boyhood Days, Santiniketan 1940 (*I giorni della mia infanzia* – ricordi in prosa).

Crisis in Civilisation, Santiniketan 1941 (*La crisi della civiltà* – conferenza).

Two Sisters, Calcutta 1945 (*Due sorelle* – racconto).

Farewell, My Friends, Londra 1946 (*Addio, amici miei* – opera poetica).

Three plays – Mukta-Djara; Natir Puja; Chandalika, Bombay 1950 (*Tre opere teatrali*).

A Flight of Swans, Londra 1955 (*Un volo di cigni* – opera poetica).

The Herald of Spring, Londra 1957 (*L'araldo della primavera* – raccolta poetica).

Our Universe, Londra 1958 (*Il nostro universo* – opera poetica).

Binodini, New Delhi 1959 (*Binodini* – racconto in prosa).

Wings of Death, Londra 1960 (*Le ali della morte* – raccolta poetica).

Poems of Puravi, Santiniketan 1960 (*Liriche di Puravi* – raccolta poetica).

Letters from Russia, Calcutta 1960 (*Lettere dalla Russia* – carteggio).

A Visit to Japan, New York 1961 (*Visita in Giappone* – carteggio e ricordi).

Devouring Love, New York 1961 (*Amore divorante* – raccolta poetica).

Particles, Jottings, Sparks, Noida-New Delhi 2000 (*Versetti, Appunti, Scintille* – una raccolta di tre opere tradotte dal bengalese da William Radice: *Kanika* del 1899, *Lekhan* del 1927 e *Sphulinga*, pubblicazione postuma del 1945).

Indice

Indice

Il Cantico della Felicità
caleidoscopio sulla pace del cuore

A cura di ROBERTA RUSSO
Pagine: 208
Anno: 2014

I brani di questo percorso antologico – che contiene molti inediti – rappresentano le note migliori dello spartito gibraniano e suggeriscono una melodia a cui ogni lettore potrà ispirarsi per creare la propria musica del cuore, una sinfonia di pace e di felicità da reinventare giorno per giorno.

La felicità, infatti, non è una chimera irraggiungibile: è una conquista dell'essere, che si raggiunge attraverso un "risveglio spirituale" capace di fondere gli infiniti "frammenti di senso" in un'unica sorprendente visione, proprio come accade nella percezione dei vetrini colorati di un caleidoscopio.

Khalil Gibran (1883-1931)
Nacque il 6 gennaio 1883 nella città di Bsharri, oggi parte del Libano settentrionale. Visse a lungo negli Stati Uniti e morì a New York il 10 aprile 1931. Fu scrittore, pittore, filosofo e teologo. Dopo Shakespeare e Laozi è lo scrittore più letto della storia.

Finito di stampare nel settembre 2015
da CPZ S.p.A., Costa di Mezzate (Bg)
per conto di Fondazione Terra Santa

ISBN 978-88-6240-362-7